This Book Offers Free Bonus Puzzles

Available Here:

BestActivityBooks.com/WSBONUS20

5 TIPS TO START!

1) HOW TO SOLVE

The Puzzles are in a Classic Format:

- Words are hidden without breaks (no spaces, dashes, ...)
- Orientation: Forward & Backward, Up & Down or in Diagonal (can be in both directions)
- Words can overlap or cross each other

2) LEVEL UP THE GAME!

A space is provided next to each word to write new ones, translations or notes. We also offer a convenient **NOTEBOOK** at the end of this edition. It can help you organize your annotations, new words and/or observations.

3) TAG YOUR WORDS

Have you tried using a tag system? For example, you could mark the words which have been difficult to find with a cross, the ones you loved with a star, new words with a triangle, rare words with a diamond and so on...

4) EASY TO CUT!

The Puzzles come with an Extra Large margin to easily cut the page out of the book. Some people may feel it more convenient to solve them this way.

5) FINISHED?

Go to the bonus section: **MONSTER CHALLENGE** to find a free game offered at the end of this edition!

Want **more fun** and activities to **relax? It's Fast and Simple!** An entire Game Book Collection **just one click away!**

Find your next challenge at:

BestActivityBooks.com/MyNextWordSearch

Ready, Set... Go!

Did you know there are around 7,000 different languages in the world? Words are precious.

We love languages and have been working hard to make the highest quality books for you. Our ingredients?

One part easy-to-read print, three parts entertainment, then we add some challenging words and a pinch of rare ones. We brew them with care to serve you lots of fun and an opportunity to solve the best puzzles.

Your feedback is essential. You can be an active participant in the success of this book by leaving us a review. Tell us what you liked most in this edition!

Here is a short link which will take you to your Amazon orders review page.

BestBooksActivity.com/Review50

Thanks for your fidelity and enjoy the Game!

 *Delta Classics Team*

Puzzle 1

```
U U Y P V P Y L G D I Q H R V
X Z B P A D A N O K U K E E I
C R U O Z U D P R I D E P Q Z
U O X V I M A V D I D E I U I
I L N S O J R E U G N A S E N
W R A S M G T T R A Q R D R H
O A M J I V N M A U Z I R E O
A T B Ã P D E U X L F E Z J O
V N R C O Y E I Z A N F C G G
P A Ç N E O D R N J F N E T U
Y C Y R A Z I L A E R C Y D X
E S P E R A N Ç A R R L F F E
B E B E R Z L A L O I A G W T
V Q I C O O N M M J N F U E U
```

SANGUE
REQUER
REALIZAR
IRMÃO
BEBER
MORCEGO
TEXUGO
NADA
GORDURA
CONSIDERAR

ESPERANÇA
PEDIR
DOENÇA
VAZIO
CANTAR
ENTRADA
GAIOLA
FEIRA
AULA
VIZINHO

Puzzle 2

```
D W L E V A N T A R O H Y D S
A R U T S I M V F N L E G P E
R E P N V Z U E R W O M F H H
B V O E X F S E L C T V O A A
E O C P T H V B I U H N I Ç X
Z M D C Q N I S K J L E N D T
C N U R I D A V N I L A X S H
P R O M E T E R V B R I J T L
P A C I E N T E M U A L U N O
M I N O R I A E G C O N D O R
G T A D A C S E C O M E Ç A R
K P E W X S S E V I D E N T E
N N F M A A G R A D Á V E L R
Y A L T E R N A T I V O J D Q
```

COMEÇAR
ASSEMBLEIA
SEGURANÇA
MISTURA
MOVER
PACIENTE
LEVANTAR
PROMETER
MINORIA
TOLO

INVADIR
INVERNO
ZEBRA
EVIDENTE
ALUNO
ESCADA
CONDOR
ALTERNATIVO
PENTE
AGRADÁVEL

Puzzle 3

```
N F L I T J O S X P O Y D H W
D O J C B E N O F E L E T F J
E O T T H V T P R E C I S A R
S X J A X A S N O W D R O P S
G J D G G R A Ú J Z E L H S B
A T S I V U R T G J I Y Q E A
S A N M Q O C I W A D C B G T
T K J R G N Y L T F I H S U E
E Y S O W E H K K E Z U T N R
X P K F J C C M F P E V O D X
G O U W P O Q Z D L R O C O F
W Y Q L C I D I O M A S K T M
E S P A N T A L H O Z O Q K X
B T E N T A R B E S O U R O Q
```

COCKTAIL
SEGUNDO
BESOURO
VISTA
GATO
ESPANTALHO
ÚTIL
CENOURA
NOTA
PRECISAR

DESGASTE
TELEFONE
DIZER
IDIOMA
SNOWDROPS
BATER
CHUVOSO
TENTAR
STOCK
FORMIGA

Puzzle 4

```
A O I H C L Á C Q J X N Y M A
U T V W T J H Z O D I V U O N
N O Z M O S C A D A R J J L T
B D N O B R E G U P N H H H E
O N V I O L Ê N C I A E T A R
R U C A M I N H Ã O M Y E D I
R B Y P Y V K F C F B E P A O
A A M O T R L A N I S A T U R
C G Y U H E L U L A R R E S I
H A Z B S X T Q H A A N S P D
O V V T M I P L Í O L T W D W
B I E E W L C S H F U R B Y T
R E L A Ç Ã O A N I N N Ã O W
L A R G U R A K L M A X H F Y
```

NOBRE
VIOLÊNCIA
BORRACHO
RELAÇÃO
OUVIDO
SERRA
VAGABUNDO
MUSICAL
ANULAR
CHÁ

LESTE
MOLHADA
CAMINHÃO
ANTERIOR
NÃO
PARAÍSO
NOZ-MOSCADA
LULA
LARGURA
SINAL

Puzzle 5

```
E Y M Z G R F X N F M F C T A
A O I R Á L U B A C O V A H V
F O N K Y S T M T T D Q X L E
Z E A F O B O D I D E C U S N
X U G P R O T R E S E D L K T
O Y A F A C A A I R O T U A A
C F N O S U S T E N R T H U L
O W I R S J B T I U A A V T L
M L T G Á N A F N O R Z M C F
P I S A P K A W G L B W V A Z
R L A O S S E C A T O E Y U R
A A P C O L U N A Z C V V B T
R R E T I R A R Q P E S A D O
P A L A V R A E X P L O D I R
```

PÁSSARO
PESADO
PALAVRA
MINA
COMPRAR
ACESSO
COLUNA
AVENTAL
AUTORIA
DESERTO

COBRAR
DERRAMAR
EXPLODIR
SKATE
RETIRAR
VOCABULÁRIO
PASTINAGA
SUCEDIDO
FACA
FINO

Puzzle 6

```
P E N S A M E N T O T T V C Z
V T A U B N T R E V R E F O H
A N R E H A I M Ú M U P M B S
O D E D D N U K H G Q C A R I
P T A A H G G M B O U U R A L
W B L G J O M L E G E X J O Ê
T R A B A L H A R N W C P D N
V A T W U U R G Q I T Ç J E C
O H S V U C U R M M Ã A T F I
Y C F A R S T U H O S N R I O
J E Q I F Ú I C C D R G D N N
F F V K F N C A R A C O L I F
Y U M R W I F R A T U R A R R
O I Z W B M I M P E D I R K T
```

DEFINIR
COBRA
TRABALHAR
DOMINGO
AUMENTAR
MINÚSCULO
OUVIR
CARACOL
TRUQUE
MÚMIA

IMPEDIR
REAL
FECHAR
FERVER
OPÇÃO
FRATURA
PENSAMENTO
TAL
ADEUS
SILÊNCIO

Puzzle 7

```
P R I V A D O K Q O X M M D R
Y A V F O Ç O C S E P G Q Z E
U T G P D T A B S O R V E R J
W S S L O L N M J K A F V B E
H A H F A O E I T W H R T E I
M G I M D L L L M D V E R I T
L U R X A U P Z P A R Q O J A
L O R N P T O M A R F U N A R
N K C V M Í G T J N R E C R I
Q I A A Â P F O B F E N O U X
A E Y Y L A R T N E C T U N H
N Q K D I C Z D M Z S E Z H J
B L O Q U E A R L M B M K A J
P Q U A T R O L O R T N O C D
```

REJEITAR
BEIJAR
LÂMPADA
TRONCO
PESCOÇO
FREQUENTE
NORMAL
CONTROLO
MELANCIA
GASTAR

MIL
FAMINTO
ABSORVER
TOMAR
CENTRAL
PRIVADO
CAPÍTULO
UNHA
BLOQUEAR
QUATRO

Puzzle 8

```
C W S D F O R I E H N I D R C
S B R O D A T U P M O C E A O
A A S Ã X K M I G E M R D T N
L F A I C N Ê D I V E F I R T
S Z E V O N Z K K U T E L O A
I D O A G Y P L Q J Y R S P G
C H C H V D E E Z O O R B M E
H O I R Á M R A P I R A T O M
A Q A Y O P I A X R F M D C F
C A P I T A L Á Z Á I E T Q Z
M W F D N T T V X N D N S W C
T P D Q A E B E X A E T K I Q
T T P A T V J L B C F A R D V
T R I B U N A L P A N C A D A
```

TÁXI
TRIBUNAL
AVIÃO
ARMÁRIO
CANÁRIO
SLIDE
PANCADA
TANTO
COMPORTAR
EVIDÊNCIA

NOVE
AIPO
REQUERER
CONTAGEM
FERRAMENTA
SALSICHA
COMPUTADOR
DEIXAR
CAPITAL
DINHEIRO

Puzzle 9

```
D  A  U  D  I  Ç  Ã  O  I  J  I  W  R  Y  Z
D  E  D  A  D  I  T  N  A  U  Q  R  A  V  Y
E  A  V  Z  N  X  D  I  V  K  V  O  J  W  R
S  B  D  O  S  U  B  I  T  A  M  E  N  T  E
C  E  O  S  T  D  G  Z  Z  A  M  T  S  N  P
E  R  T  B  D  A  Q  A  E  F  N  Q  V  H  R
R  T  M  J  V  U  R  V  E  E  V  F  Q  O  O
E  O  I  C  A  M  E  U  Q  T  Q  C  A  V  N
D  H  S  G  Z  T  H  Q  G  O  U  D  O  R  Ú
N  N  T  A  B  F  E  S  Q  U  E  C  E  R  N
E  O  É  O  D  I  S  C  U  T  I  R  G  C  C
F  S  R  K  R  O  U  P  E  I  R  O  G  L  I
E  T  I  B  L  O  Q  U  E  I  O  N  V  F  A
D  P  O  G  A  A  X  E  S  Q  U  I  Y  T  M
```

AUDIÇÃO	QUANTIDADE
DESCER	SONHO
ABERTO	MISTÉRIO
PRONÚNCIA	VAZAR
QUEM	AFETO
DEFENDER	ROUPEIRO
DISCUTIR	SUBITAMENTE
ESQUI	BLOQUEIO
MACIO	OBTEVE
ESQUECER	DEVOTAR

Puzzle 10

```
C A L C U L A D O R A S O M E
W A B R E V I A T U R A A R D
O V P A S S A D O V T Q B J G
N I N F E M I X Q U Q O Y B Z
W P I F G R A C A T S E D K A
D I V E R S Ã O Ã S N E C S A
I F M O A A M O R O S O H W C
N L T W B L A S O G P N H O U
D U R A R T N O C N E P K M I
I I M F U A Ç Ú C A R L Y F D
C D Z E T E P A T F X X O Y A
A O E R S C I E N T I S T A R
R F M R A G E R F S E O J Z F
B U G J M P E R G U N T A R K
```

MASTURBAR	DIVERSÃO
ENCONTRAR	SOBRE
TAPETE	PASSADO
DESTACAR	AMOROSO
FLUIDO	ABREVIATURA
PERGUNTAR	ASCENSÃO
GELO	INDICAR
CUIDAR	SOM
CIENTISTA	AÇÚCAR
CALCULADORA	ESFREGAR

Puzzle 11

```
M D L O Q O H G P S U E K M U
K W L T T A O G A L U T P O P
Z H N E R E T R E V N I D R
A H L E S O R G S J N A S E E
S R I L P C R T N W P H J L T
G Y W N I X A P I P S L X O O
C G O L N I R N P A B I U L R
O A D G A L R C D S M R H U F
R R U I F Y U L O I T B Z C G
T N D K R D P L D N D W N R P
E I O I E A M W I L T A W Í I
F J L X V A E Q E M K R T C A
T E C N O L O G I A W W A O Z
B A T A T A Q U A L I D A D E
```

BRILHANTE   CANDIDATO
VIDRO   LAGOA
CONTRA   PRETO
CORTE   BATATA
QUALIDADE   MODELO
TECNOLOGIA   INVERTER
GROSELHA   PIA
ESPINAFRE   PARSNIP
LENTO   EMPURRAR
PIPA   CÍRCULO

Puzzle 12

```
W  U  S  I  I  I  C  R  I  M  U  S  S  A  H
Q  F  C  T  C  P  E  T  N  E  D  R  V  L  A
K  P  C  I  A  C  T  F  D  Y  G  I  A  A  B
M  E  O  Y  S  P  V  F  Q  L  H  T  S  R  I
D  R  M  A  E  Z  X  C  E  Y  E  S  U  U  T
I  S  N  S  F  V  P  K  Q  G  T  E  R  T  U
S  O  N  R  E  D  O  M  E  S  A  V  P  A  A
T  N  S  D  D  Y  Ã  V  N  E  M  E  R  N  L
R  A  T  S  S  E  S  U  W  R  B  R  E  Q  I
A  G  D  O  O  A  S  M  V  V  O  C  E  J  V
I  E  D  N  D  N  E  S  R  I  R  J  N  F  E
R  M  R  O  X  O  R  R  Y  Ç  Q  C  D  P  S
V  I  R  J  P  A  P  Z  S  O  T  G  E  K  A
V  I  D  A  I  Z  C  D  L  X  P  I  R  W  J
```

DISTRAIR	ROXO
NASCER	SERVIÇO
VIDA	MODERNO
NOSSO	PERSONAGEM
PRESSÃO	DENTE
HABITUAL	VIR
REVESTIR	TAMBOR
DEFESA	VEGETAL
NATURAL	ASSUMIR
COM	SURPREENDER

Puzzle 13

```
G Q J N S B L B I K D S E E F
V T T N A R I T N E M D T T A
T K B K D I H M K J A R P R M
C G L M L L Y D S D O S A O I
O C A O S H I Y I P D O T F L
M O I D J A I V S P A L I M I
P N R N O R A N V R T I N A A
R T O I B R A T F F L T A R R
O I E U G R A P N X U Á G U P
M N T L T C H U V A S R E T B
I U E C P A S S A R E I M P X
S A A N I L O S A G R A M A I
S R T I C T D R A M Á T I C A
O F Z C S U B S T Â N C I A G
```

SUBSTÂNCIA	BRILHAR
MENTIRA	FORTE
CHUVA	CONTINUAR
GRAVIDADE	INCLUINDO
GADO	GASOLINA
RESULTADO	COMPROMISSO
TEORIA	FAMILIAR
SOLITÁRIA	CAPTURA
PASSAR	PATINAGEM
TRANSPORTE	DRAMÁTICA

Puzzle 14

```
M N M A X Q O A T U R F S P S
E S P O O Ã G A R D E O A R A
Q P Z R S Í A P W A T Z Ú O N
Q C Z I S N I M P T N M D V G
V J R E E O C P J E E H E A R
P P L V C C Í R S M R U A V A
E D E U O O L F T M E R T E R
L S A H R I O D E D F Q N L A
Z Q Q C P S H U T I W Y M T
K V N U N A O A S C D L I E I
H P H X I E X E C U T A R N T
C R I A R L V V L U Q F E T U
L F B M Y Z O V T H U Q T E D
E X P R E S S A R M H W H P E
```

PRISÃO
META
COISA
SANGRAR
SAÚDE
EXPRESSAR
ATITUDE
PROCESSO
PAÍS
CRIAR

DRAGÃO
ESQUILO
EXECUTAR
PROVAVELMENTE
DIFERENTE
CHUVEIRO
ARANHA
POLÍCIA
FRUTA
DEDO

Puzzle 15

```
C C R D O B R A R M F U E P R
A A M F G L E N J M F L T F E
S R M X I I A R M A D A R D F
T N B E M T D P E G V E O C R
A E I E I N O N T E S Y P N I
N W R V N E R T N C R W U Z G
H D O O I G Q T O K M B S C E
A I D D H H U M A R Q X T G R
J G A P K R N E G R I T O E A
A E R A A J O A N I N H A D N
T S R E D N E F O W I R F M T
Z T A G H T V I N T E S N I E
J Ã N Y O B Z W B Y X H P F O
X O D J D R T R T F R I T G O
```

AVENTURA   CASTANHA
NARRADOR   NATIVO
ARMADA   GENTIL
VINTE   NEGRITO
JOANINHA   DIGESTÃO
INIMIGO   DOBRAR
OFENDER   MAR
RODA   FRESCO
REFRIGERANTE   CARNE
SUPORTE   ONTEM

Puzzle 16

```
F  Z  L  Z  Y  Z  W  O  N  F  P  R  R  K  E
O  S  E  M  I  R  C  C  A  S  D  D  A  T  P
Z  Q  D  M  S  I  G  O  D  M  Q  D  E  E  E
E  M  V  R  T  G  A  L  A  O  V  N  S  S  R
O  Y  N  N  V  I  R  B  D  M  A  P  U  T  I
Ã  P  Ê  L  V  R  R  P  I  B  I  M  N  E  G
Ç  D  E  O  Q  R  A  Z  A  E  I  A  A  N  O
I  U  D  R  G  O  F  R  T  I  P  O  M  D  S
T  D  N  T  T  C  A  Q  N  N  B  Y  S  E  A
E  J  O  S  I  U  A  V  A  L  I  A  R  R  M
P  V  L  N  E  E  R  A  G  E  R  P  M  E  E
E  O  Ç  O  M  L  A  B  Q  T  S  X  T  P  N
R  F  O  M  S  I  M  S  A  D  B  V  E  F  T
W  P  R  E  C  O  C  E  Q  R  Y  W  L  A  E
```

MONSTRO	CRIME
ONDE	CORRIGIR
IDÊNTICO	PRECOCE
MANUSEAR	REPETIÇÃO
RABANETE	BLOCO
AVALIAR	ESTENDER
SIM	ALMOÇO
TIPO	EMPREGAR
GARRAFA	NADA
PERIGOSAMENTE	PERTURBAR

Puzzle 17

```
F X D Q Z N A K G T C C J D I
G A R X F P O M X G A A R I I
N O G N I A T R Á S B L R B R
A I B L A P C J I I O I A P
H G U F R B A C J J N R T D E
C T R A D E P S O H A N E I R
J H V A E W M K U T E C L R C
Y F R O D N O C Z S U A F R E
H W O Q C E C T E Z Q B E O B
J O R N A L C R J X R E R C E
C E R E J A P E R I O L N Z R
Y S K S R A T A R T P O O L V
C O R U J A N U M E R A D O R
T R E I N A D O R X H F Z G S
```

CONDOR
HOSPEDAR
AGRADECER
CORUJA
TREINADOR
APRESENTAR
TULIPA
CABELO
ATRÁS
CABINA

CORRIDA
NUMERADOR
PORQUE
TRATAR
CEREJA
JORNAL
CALOR
REFLETIR
PERCEBER
COMPACTO

Puzzle 18

```
E  N  A  R  E  X  Q  B  C  Z  A  A  Z  C  D
S  U  U  T  T  A  A  L  R  Y  W  G  C  Z  C
T  Y  R  T  I  Q  P  E  S  G  L  M  R  C  I
Ô  E  H  Y  E  V  D  J  G  P  B  P  E  V  M
M  B  W  W  E  N  O  S  N  E  T  L  S  Z  V
A  C  B  Q  E  U  N  I  D  A  D  E  C  O  Z
G  G  O  T  F  E  M  I  N  I  N  O  E  M  D
O  B  E  M  M  E  R  G  U  L  H  O  R  B  E
O  R  A  C  E  T  R  O  U  X  E  N  O  A  P
P  G  E  Z  O  S  R  E  V  N  O  C  L  R  E
U  É  P  A  H  C  K  T  O  O  W  U  Z  N  N
R  A  R  U  T  S  I  M  V  V  R  E  J  V  D
G  D  E  S  C  R  E  V  E  R  R  D  P  W  E
D  E  M  O  C  R  Á  T  I  C  O  W  U  L  R
```

GRUPO	ESTÔMAGO
PRETENDER	CARO
TROUXE	DEMOCRÁTICO
COMES	CHAPÉU
TENSO	ZOMBAR
ATIVO	RUA
CONVERSO	FEMININO
DEPENDER	DESCREVER
CRESCER	MERGULHO
UNIDADE	MISTURAR

Puzzle 19

```
C A C A D U Q X J F K U D R X
K M Y O A L C F I G X C I E Z
C O B R E V E N F F B S S L E
L R D Y K E V H D A A E T A D
P A K A R L D R R U N Õ A C Z
H L P T D H G E A K A Ç N I V
X V N I J P U V S I N A T O A
N E K X A H I L I E A M E N S
B U R R O R A E L T J R M A S
M E N O S J R B A L C O C R I
V N W V R T R M N U Y F E U N
C A M I N H A D A T K N R U A
C A S A C O C J I A I I C C R
C A R A N G U E J O O U A A Y
```

DESEJO   DISTANTE
ENTRE   CERCA
CAMINHADA   INFORMAÇÕES
MORAL   RELACIONAR
ANALISAR   CASACO
GUIAR   CARANGUEJO
BREVE   LUTA
ASSINAR   BANANA
CACA   BURRO
MENOS   DADO

Puzzle 20

```
F  Y  X  P  O  N  R  O  M  O  X  Q  X  P  R
Q  R  K  D  A  B  G  Y  A  F  Q  I  J  A  A
E  V  N  A  W  F  O  A  T  Q  K  U  T  F  H
O  E  P  I  P  K  B  B  M  V  K  N  B  L  N
S  P  R  E  R  R  O  C  O  D  E  R  O  E  I
O  Ú  E  K  Z  U  L  U  S  S  W  O  S  X  V
G  B  O  C  Z  Q  G  B  E  L  O  D  Z  Í  I
I  L  C  S  E  L  E  C  I  O  N  A  R  V  D
R  I  U  M  A  N  T  E  I  G  A  I  I  E  A
E  C  P  W  R  Y  K  F  K  L  Y  C  B  L  J
P  O  A  N  E  A  M  V  H  A  C  I  Z  O  L
N  Z  R  A  R  U  O  T  S  E  C  N  Z  T  Y
O  B  E  D  E  C  E  R  F  A  D  I  E  C  B
C  R  B  X  R  C  U  R  S  O  R  A  G  K  M
```

CURSO   SENTAR
INICIADO   OCORRER
PREOCUPAR   FLEXÍVEL
BELO   ADIVINHAR
ESTOURAR   ALGO
SENDO   SUL
MORNO   MANTEIGA
BOBO   OBEDECER
GLOBO   SELECIONAR
PERIGOSO   PÚBLICO

Puzzle 21

```
O W W U F P S J T O R N A R Q
T R E N Ó A X A F S D Q F I U
S B X S Z S C K K D C U A O A
A Q O S O I G I L E R C T A R
G O B T E R O A L A M S É C E
D L E N O R M E L I E M G A N
N E E Y O J I E B L D R L R T
E M D D Z C V C P Í K A X A A
H A F E U Á M M L M E N D P T
U C O K R Y I X S A T I Z E Y
Q U W O C S O C G F W E C R A
J P V A J U S T A R T R P V Q
H A I N T E R E S S E A F U O
F M Q D W S J X W O K I W I H
```

TRENÓ	ATÉ
ENORME	OBTER
TORNAR	BEIJO
INTERESSE	FACILIDADE
CRUZ	FAMÍLIA
AJUSTAR	QUARENTA
GASTO	KIWI
FAVORÁVEL	RELIGIOSO
CAMELO	REPARACAO
SIMPLES	REINAR

Puzzle 22

```
C O N F I A N T E I E O D M E
E M H R I G A R E T N I E L V
Q R U G A Z J E Q B S H D H A
C U J Y S H U V H Y O Z I C C
M W E V J L N Y J A L L C H U
O I M R M Z T T L B A R A U A
R Q L E E K A Í A B R Y R M R
E O K H V R R E P D A Z J I O
C V U X Õ E H T I M D A M D D
T R I U G E S D C T O D O A A
Y L O T C P S U N S A I R D I
I J H H A A Q C I O B T O E F
M Z E H Y R Z X R O D A O V A
E S P A L H A R P Q Q B H F F
```

BAÍA
INTERAGIR
ESPALHAR
QUERER
HUMIDADE
EVACUAR
CONFIANTE
DEDICAR
VOADOR
EVITAR

BATIDA
JUNTAR
RUGA
ENSOLARADO
AFIADOR
SAIR
VER
MILHÕES
SEGUIR
PRINCIPAL

Puzzle 23

```
N  P  E  R  Í  M  E  T  R  O  O  N  Z  E  R
H  B  C  A  H  N  I  L  H  L  W  E  Z  T  E
A  E  D  M  M  E  I  O  T  U  H  U  M  N  C
B  U  C  U  E  U  B  T  R  X  W  X  T  A  R
I  M  W  F  Q  N  X  A  E  O  R  R  J  T  E
L  R  G  L  L  R  V  Z  M  O  E  V  P  S  A
I  A  T  I  S  I  V  D  T  D  W  C  L  E  T
D  I  V  B  U  R  Q  E  N  N  X  Z  F  O  I
A  V  L  É  N  L  R  O  C  G  W  B  Ã  R  V
D  E  E  L  L  I  C  U  Z  D  Q  J  N  U  O
E  N  X  U  D  S  V  C  Q  V  I  G  P  G  Q
F  H  R  L  E  L  P  X  R  E  F  Z  Z  E  Z
B  A  E  A  C  S  E  P  F  F  S  A  P  S  P
E  S  P  O  N  J  A  M  E  L  B  O  R  P  C
```

MEIO	TREM
ONZE	VISITA
RECREATIVO	ESCONDER
FUMAR	ESTANTE
DIRETOR	ESPONJA
LINHA	HABILIDADE
FEIJÃO	PERÍMETRO
LIBÉLULA	LUXO
PROBLEMA	SEGURO
VENHA	PESCA

Puzzle 24

```
J L Y F H L I D T B D P A D R
R C D N I F O I Q P E F P E R
T S C M L Y D T W M S H R S C
E M P W W B E U J H A N E L O
H O R J G R L Q H G S P S I M
M I Z Z C H E C R O T J S Z É
O R P Z F G S A Z O R R A A R
N Á A O P Á G I N A E A R M C
T M N D P A L L V W O R O E I
A I I A O Ó S S A B I A I N O
N R M T S U T E P I U P A T G
H P A A C A M A L C Y V M O L
A C L R C V E J M O C I S Í F
U W K T Z B V I N O B P C G N
```

MACA
PÁGINA
DESASTRE
COMÉRCIO
PARAR
TRATADO
HIPOPÓTAMO
SABIA
ANIMAL
LIMPO

FÍSICO
PRIMÁRIO
ARROZ
FOI
DESLIZAMENTO
MONTANHA
MAIOR
DELES
SELO
APRESSAR

Puzzle 25

```
A  Ç  E  B  A  C  H  S  B  J  M  R  P  I  G
D  N  A  Ç  Ã  O  S  Z  W  R  U  E  D  Y  R
I  V  N  O  G  A  V  E  T  A  L  A  E  S  A
B  M  R  D  A  S  W  H  C  T  T  C  S  X  T
E  O  A  I  L  E  J  D  V  E  I  C  L  E  U
B  S  U  G  A  R  P  P  Q  F  P  A  I  C  I
Q  C  T  Í  H  P  E  R  O  A  L  O  Z  O  T
C  A  I  R  F  M  R  J  R  J  I  Y  A  M  A
L  N  S  G  U  E  T  C  I  O  C  T  R  E  M
C  C  H  D  I  T  O  L  E  E  A  G  R  R  E
C  U  P  I  D  O  U  N  C  K  R  E  A  C  N
E  X  E  M  P  L  O  R  R  Y  D  P  G  I  T
F  P  S  B  J  T  Q  D  A  O  K  R  G  O  E
Q  M  J  Q  J  H  I  U  P  B  R  A  Ç  O  J
```

REACCAO	GAVETA
MULTIPLICAR	DESLIZAR
COMERCIO	CUPIDO
PODER	AFETAR
BRAÇO	NAÇÃO
PARCEIRO	SITUAR
GRATUITAMENTE	EXEMPLO
ESTRUTURA	EMPRESA
RÍGIDO	PERTO
CABEÇA	BEBIDA

Puzzle 26

```
A O O N T T R F U R I O S O L
N H D R O I E L N T R M A G A
U L R A U N H C C E B D I G R
A A O L V U L O C D L D M N E
L T C D C H O U B A T X D I I
I N A O N Z P N A D X N S K R
I A C I X E R A Q I I Z Á C A
I P O R R M Z U U L A G O A
W S Y A N O F E E G S F D T I
V E C I K D R V R I E J G S Q
K A L C E E A L U T P P E L G
O M P O Z S S A T N F Q U L P
D P V F I T E T G A F Y F G E
E N J T B O Ã Ç I D E P X E G
```

STOCKING   FURIOSO
TALVEZ   LEI
INCLUIR   LAGOA
ANTIGUIDADE   ANUAL
ESPANTALHO   FRASE
RECUPERACAO   MODESTO
OLHE   ALCE
TREMENDO   BAQUE
EXPEDIÇÃO   LAREIRA
GÁS   ACORDO

Puzzle 27

```
N M A P A A O W L L Z W O R I
Q E U W N P C G K N Y H S J N
T A N A Z A T A R P N W U E T
O H N I M R A T B I G L Q X E
I U U M I Ê V H Z K G N U P R
M O B H U N N O F A S A O E A
U T W X H C S F M R J H C R Ç
F L V G J I A E C U S L I I Ã
J U N T O A N C D A U U E Ê O
M D P C R T F A Ç R A G N N K
I A U P O D R E W K J A T C B
S U B S T I T U T O A Z E I Q
A S A E S S E N C I A L V A A
C O Z I N H A R E S P E L H O
```

MAPA

ESPELHO

ESSENCIAL

AJUDAR

INTERAÇÃO

PODRE

GARÇA

EXPERIÊNCIA

RATAZANA

SUBSTITUTO

ARMINHO

COZINHAR

JUNTO

SOZINHO

JULGAMENTO

QUOCIENTE

ADULTO

USO

APARÊNCIA

AGULHA

Puzzle 28

```
A  H  N  I  A  R  H  P  X  C  L  E  U  R  X
H  W  C  K  Q  R  E  R  R  A  T  I  G  A  B
C  O  A  Y  O  Q  J  P  T  H  J  I  X  T  E
X  P  C  C  E  Z  T  N  O  S  N  E  D  E  S
L  B  D  Q  Y  F  E  I  R  L  C  X  O  L  T
B  L  V  Y  A  M  D  B  H  S  H  G  J  O  R
M  O  X  I  A  L  O  C  S  E  O  O  V  C  A
U  H  L  D  C  O  M  B  I  N  A  R  A  P  N
X  I  N  O  C  O  I  O  T  E  E  I  R  E  H
U  U  P  R  E  S  E  R  V  A  R  T  A  R  O
F  Y  L  X  F  P  A  T  O  X  A  M  N  I  Q
E  X  T  R  E  M  A  M  E  N  T  E  D  G  V
M  E  N  S  A  G  E  M  Q  X  S  N  A  O  M
D  E  C  A  D  Ê  N  C  I  A  E  S  X  M  Y
```

ESCOLA	VARANDA
RAINHA	ESTRANHO
MENSAGEM	AGITAR
BOLO	PERIGO
ESTAR	DECADÊNCIA
COLETAR	DENSO
TIRO	COIOTE
COMBINAR	PRESERVAR
REPOLHO	FUNDAMENTAL
ATO	EXTREMAMENTE

Puzzle 29

```
A  I  G  O  L  O  I  B  D  Q  H  Z  G  E  I
A  I  C  N  Ê  D  N  E  P  E  D  N  I  S  N
L  W  H  S  O  U  S  H  V  C  W  C  T  T  V
U  Q  N  C  Q  T  E  L  G  H  M  O  U  R  E
L  R  U  Z  S  N  R  C  L  Y  D  M  D  A  S
R  O  G  M  M  O  I  O  M  O  C  E  O  D  T
L  F  A  E  É  P  R  D  D  M  I  R  J  A  I
Q  A  V  C  U  K  L  Q  M  E  O  E  C  G  G
T  L  N  T  G  U  M  D  B  Z  R  F  U  W  A
K  H  V  S  L  S  E  H  A  K  E  R  G  P  Ç
J  A  U  N  A  Z  K  G  U  Q  Z  Z  O  C  Ã
V  R  P  C  A  S  A  L  V  R  A  L  K  C  O
A  S  S  E  G  U  R  A  R  X  R  T  J  Y  E
M  O  N  T  A  G  E  M  H  N  T  N  G  H  R
```

ESTRADA	CORREDOR
ALGUÉM	PONTUDO
LOUCO	LHE
COMER	COMO
TRAZER	MONTAGEM
LULA	VEM
FALHAR	ASSEGURAR
BIOLOGIA	INSERIR
INDEPENDÊNCIA	INVESTIGAÇÃO
TUDO	CASAL

Puzzle 30

```
P R P B F O B U T M E A C W D
A A G W X I Y H Z K M I M A H
C T R I O T N E M I R E P X E
E Y A T Y F O B L M U R I M H
I B R E I J Ã C S W Y A N O W
T H U D I C Ç O P E L H T H G
A E O V V N I F A C E L R O Q
R E S H M F E P A T O E O Q L
O P E K A X L X A M D V D L J
O R T N E D E Y K N O O U L S
P R I M A V E R A G T D Z M S
C E R V E J A P N Q É E I Y W
Q Z N E M Y T O C G M R R X U
P A R T I C U L A R F W P T D
```

DENTRO
CERVEJA
PARTICULAR
ACEITAR
AREIA
PARTICIPANTE
TUBO
OVELHA
NEM
TESOURA

BAIXO
PRIMAVERA
INTRODUZIR
SER
TIO
CLIMA
EXPERIMENTO
MÉTODO
FACE
ELEIÇÃO

Puzzle 31

```
C O N R E V O G L N M M N B L
J O N I S I K N R L P U C R A
P G R B V R H H A N F N V F K
H N L V U A E I Z H L D V Z R
V Q K A O R A E Ã H Q O G X O
T A D N A M E D O F S F A Y H
M L R L R E C U R S O E V E D
Ú E K A C R O S N A D O C E E
S R V U H G R O S O I S N A S
I T H G A T R E B O C S E D T
C S C I M T Y X P I D I R V I
A E B X A Q R U G D G P P H M
W N H G R B L U S A U G A W A
G A S A J H H C G R H D P X R
```

DEMANDA   CORVO
ROSNADO   RAZÃO
ESTRELA   RECURSO
VARA   CHAMAR
ESTIMAR   MÚSICA
GOVERNO   SECA
IGUAL   BLUSA
ANSIOSO   MUNDO
VIRAR   SINO
DESCOBERTA   DEVE

Puzzle 32

```
T E X T O H O S P I T A L A R
U P C I M E I R A L B G M N T
I M P R E S S I O N A R E Á R
C N F U O U H U I B I G G L I
C O C O M P E T I Ç Ã O E I Â
P H V D I R E I T O K F R S N
R Y A A I C N Â T S I D A E G
E T I L R A E M O N W P D K U
E Ó R A E D G Y F T A I A A L
N P Ó B L I E T O H L I F Y O
C I T Q P I R J P E O B Y V A
H C S H C O D A R B E U Q P S
E O I E S P E R A R R Z W A B
R R H E L E M E N T A R E K U
```

CHALEIRA	MEGERA
HOSPITAL	TEXTO
HISTÓRIA	FILHOTE
QUEBRADO	NOMEAR
TÓPICO	DIREITO
TRIÂNGULO	PREENCHER
ESPERAR	ELEMENTAR
ANÁLISE	IMPRESSIONAR
COVARDE	DISTÂNCIA
CIMEIRA	COMPETIÇÃO

Puzzle 33

```
U  L  J  R  Z  Q  U  A  L  I  F  I  C  A  R
O  I  N  I  O  A  D  V  O  G  A  D  O  H  E
R  I  R  M  O  D  D  D  I  M  I  N  U  I  R
F  J  T  A  L  M  U  E  K  S  B  V  V  U  R
J  G  W  Z  Ó  V  A  T  S  B  R  E  S  C  D
M  A  K  Z  G  Z  P  R  S  E  A  L  E  F  O
U  A  T  S  I  T  N  E  D  E  N  L  I  Q  T
O  Ã  S  I  C  E  R  P  Q  S  I  H  M  Q  I
V  K  H  I  O  G  F  S  R  H  M  A  A  X  E
M  I  K  Q  A  T  E  L  O  B  R  O  B  R  R
K  D  R  F  Y  T  M  S  U  Z  E  V  L  A  T
P  O  S  I  T  I  V  O  T  A  T  P  Q  P  S
P  C  I  D  A  D  Ã  O  A  Ã  G  A  Q  G  E
S  A  U  D  Á  V  E  L  H  P  O  N  W  S  V
```

BORBOLETA	AVÓ
TERMINAR	DIMINUIR
DESENHAR	PRECISÃO
DENTISTA	ADVOGADO
GESTÃO	PAR
ESTUDO	CIDADÃO
TALVEZ	POSITIVO
ZOOLÓGICO	RIR
SAUDÁVEL	QUALIFICAR
RIMA	ESTREITO

Puzzle 34

```
S W A F U N D A R G A M A L E
P K M G G E Z E U E D O L E O
A E K G E I P C J L M D E O J
H R L A U U L W G E I I B P G
L A C E R T I R A I T F A A W
O X N O I R X Q D A I I L R H
C A O X Í D I A P Z R C Ã D A
S L G S R R E O O P R A O O L
E E O I H A I W L S B R G B L
E R W E T N E S E R P C I V F
V O L U M E T N G G Z K Q C N
R W Q K A O T C A T N O C L R
E S C R I T O R D Y U P R M M
E W J N V H W M A G M P E A Z
```

LEOPARDO
VOLUME
PRESENTE
ADMITIR
HALL
TIRA
ESCRITOR
POLEGADA
PELE
ESCOLHA

DIA
PURO
RIO
AFUNDAR
GELEIA
CONTACTO
MODIFICAR
BALÃO
ARCO-ÍRIS
RELAXAR

Puzzle 35

```
Q D D C O N F I A N Ç A Y A H
Y I I F E L I C I T A R W I W
S P S K Z K C S A L U S Y G Q
T L P N K K W Y W B T O F É E
A O O N P W Q O T E J B O T T
T M N X E R O A K R S X N A A
I A Í Q N N O B Z A P E O R R
B W V E U M U C Z G D D T T T
A S E T A B E D U I N N U S A
H M L A U A L A C R O P O E R
X D P S O L O A I B A M X D U
U A H L I V R E F O O R M L G
R A T R O C O M P R A K A B A
U L T I M A M E N T E A Z X J
```

ACIDENTE
ULTIMAMENTE
ESTRATÉGIA
AMPLO
CORTAR
PROCURAR
FELICITAR
CONFIANÇA
DEBATE
OBJETO

DIPLOMA
PORCA
HABITAT
OUTONO
DISPONÍVEL
COMPRA
ERVILHA
TARTARUGA
OBRIGAR
SOLO

Puzzle 36

```
D  R  K  U  D  M  M  A  R  T  E  L  O  U  I
E  Z  B  H  L  A  N  I  F  L  V  E  G  R  E
S  O  N  O  S  N  D  P  M  X  T  P  O  R  R
E  R  S  A  I  E  M  V  J  N  Z  R  L  A  I
N  I  E  O  M  I  F  A  E  M  O  I  N  H  O
V  E  I  C  D  R  L  R  E  T  E  R  T  N  E
O  M  T  Y  O  A  F  O  R  V  Z  K  J  K  E
L  I  R  Y  D  R  D  F  X  X  O  H  P  T  K
V  R  V  L  R  A  Z  I  L  A  U  S  I  V  H
E  P  V  Y  K  P  T  I  U  K  C  S  C  M  E
R  R  A  H  N  A  P  M  O  C  A  Q  Y  V  R
S  E  X  T  A  F  E  I  R  A  W  C  N  I  Q
C  T  R  A  N  S  P  A  R  E  N  T  E  O  E
A  T  R  M  B  D  T  S  U  N  R  E  Y  A  E
```

FORA
MOINHO
MARTELO
CUIDADOSO
PARA
SEXTA-FEIRA
ACOMPANHAR
MEIAS
FIM
VISUALIZAR

FINAL
LOGO
TRANSPARENTE
DESENVOLVER
PRIMEIRO
MANEIRA
SITE
FRENTE
ENTRETER
SONO

Puzzle 37

```
E K R D E C I S Ã O I L N U R
N N I F O L C L O R E F P P E
M I N U T O E H R Z Q D O V P
Z T E D Q Ã A Q S V R E L W R
L I V M R S J H B V I R Y T E
Y Q E A D I W F A R G E R A S
O I R Ç Y V E R A N R R M M E
Z J P Ã R X D G O S T A R A N
S O N O L E N T O O J Ç A N T
N H E T R P O Q G V I N P H A
R C W E X U B I A Q E A O O R
Z E X X J Q T G K M I C L U H
A E Z W C N J O G A R L A R T
M Z T U A O F E R T A A G R X
```

REPRESENTAR   VISÃO
GALOPAR   DECISÃO
MAÇÃ   ERA
TAMANHO   JOGAR
SONOLENTO   MEXER
MINUTO   POEIRA
BONDE   FOLCLORE
OFERTA   ANTIGO
ALCANÇAR   GOSTAR
PREVENIR   REGRA

Puzzle 38

```
B A S M P D L J N B X C P G T
G V I G O P M E T A S S A P E
V O M V R V C E M C H C K O N
O W A X T A I M Y S R H F B D
C D F A Ã B N T L U R A U J A
Ê D O A O U X C A B A N M E T
R E I E C E I A E G L C A T N
T S M S N H R D F S E E Ç I U
E C L A U T R I V E T N A V G
G O V U R H E R X X U R T O R
S B S Q M V K G D K X W A A E
C R F O O X U C V C F W R L P
I I U K K I T U U D A D I Z V
P R S I G N I F I C A R I G E
```

VIRTUAL
QUASE
NEGATIVO
TENDA
ANCESTRAL
VOCÊ
PORTÃO
OBJETIVO
AVO
CEM

SIGNIFICAR
CEIA
FUMAÇA
DESCOBRIR
PASSATEMPO
SIM
CHANCE
PERGUNTA
DOENTE
BUSCA

Puzzle 39

```
P  U  L  U  I  F  T  M  C  J  O  P  Y  C  Y
L  Q  P  Q  Z  S  F  C  J  H  U  R  G  U  F
B  Z  P  V  T  T  K  P  Y  R  R  A  O  I  O
R  E  S  E  R  V  A  R  B  E  I  T  V  D  U
A  M  S  A  T  N  A  F  X  D  Ç  A  O  A  T
I  J  A  D  R  I  R  E  G  M  O  R  A  D  R
R  A  R  T  N  E  C  N  O  C  U  A  T  O  O
S  Ã  O  Q  R  U  N  V  F  O  K  G  E  S  X
Y  Y  F  R  T  G  X  A  I  O  F  A  N  A  T
J  Q  Y  I  P  A  S  S  O  T  S  P  T  M  I
Y  J  V  E  X  E  R  C  E  R  U  A  O  E  U
C  O  I  C  Í  C  R  E  X  E  E  N  V  N  W
E  S  C  A  P  A  R  K  W  C  C  F  U  T  Q
D  I  S  P  E  N  S  A  R  N  O  F  T  E  F
```

GERIR	SUECO
PASSO	ARENA
EXECUTIVO	RESERVAR
OUTRO	PRATA
DISPENSAR	CONCENTRAR
ESCAPAR	SÃO
EXERCÍCIO	FANTASMA
CUIDADOSAMENTE	ATENTO
EXERCER	OURIÇO
OURO	PAGAR

Puzzle 40

```
R  C  T  Ô  V  A  C  I  T  Í  L  O  P  N  T
I  E  O  D  A  R  D  A  U  Q  V  D  N  J  B
G  T  T  M  Q  M  M  D  N  I  C  I  E  M  R
R  N  R  O  P  O  X  A  P  O  C  A  Y  Y  M
E  A  E  C  R  L  N  C  M  H  M  R  R  C  O
J  H  D  S  A  N  E  E  W  F  P  E  R  D  A
A  L  U  A  U  C  O  T  T  O  Q  Z  B  U  K
K  E  Z  C  T  A  R  A  O  R  R  W  R  P  M
D  M  I  A  U  D  U  C  E  N  N  E  G  R  O
X  E  R  T  L  E  U  D  J  E  Y  Z  X  Y  U
H  S  M  B  F  I  B  L  T  C  Y  E  F  X  W
O  H  I  U  C  R  Z  I  G  E  C  H  W  A  I
G  R  N  E  U  A  K  W  M  R  U  R  B  C  A
I  N  T  E  R  E  S  S  A  N  T  E  D  X  Q
```

WILDCAT   NEGRO
IGREJA   AMOR
COPA   QUADRADO
ODIAR   SEMELHANTE
REDUZIR   FLUTUAR
CADA   PERDA
AVÔ   COMPLETO
CADEIRA   POLÍTICA
FORNECER   RETORNO
INTERESSANTE   CASCO

Puzzle 41

```
Z M D S H G C O O P E R A R Y
E E V R E S E L E J L C Y I N
R N O E J O H S D M H Z N W P
O T T R X W Y X Y L R O B Q D
C E N H E T N U I Q N R Z G E
O Q E Y Y R I M D M A I K S N
S O M P R Q O N B Z M E J V O
T O A P E N V J T P W M T D M
U Y P K A S A C N O W R E D I
R G M D Q U E R E M R E B O N
A L A Ç O B Ú F A L O F T O A
R E C M A T É R I A L N E V D
N E A A N E L K C K A E Z F O
V E R I F I C A R C E A L V R
```

BÚFALO
COSTURAR
ACAMPAMENTO
VERIFICAR
SERVE
QUEREM
COOPERAR
EXTINTO
LIMONADA
CASA

ELE
MENTE
LAÇO
MATÉRIA
ENFERMEIRO
ANEL
CANTO
DENOMINADOR
HOJE
ZERO

Puzzle 42

```
A O C D O N P A Q N Q L X V S
U F C V S R O U X M N D U Z C
T I P Y O O Ã R E D N E V M R
O C E X H C E O T G P F P H E
R I S R L K L O W E G F I S V
I A S C U Z T I Y T R P T Q L
Z L O X G A J R Q M A U A N O
A R A C R U U P E X U K C D S
R B L T O L B Ó L N X L Z U E
B G E Z A P J R K S U E Z T R
Y R O I A G A P A P J P I F O
G C L P R D I R E I T A R V C
T L C F O D N U F O R P R B N
L V P Y H P Q K P W L Q U Z F
```

AUTORIZAR
PAPEL
PESSOAL
PAPAGAIO
RESOLVER
NORTE
VENDER
ORGULHOSO
CARA
GRAU

RETRATO
OFICIAL
DIREITA
PRÓPRIO
LUA
LEÃO
LUME
PROFUNDO
ROCK
HORA

Puzzle 43

```
T G L T G E D A D L U C A F W
R A T S E R P M E T Y P O Z P
Q E L X N O A E Q U A N D O A
U G U L X L I R P O R T I M T
E P M N J F N I R R C O I A N
R M U C I O D C A Y M R O V I
I I P X R Ã A A D K G P K C R
D F V G A V O N O S X T E B T
A O Q O T R T O E O H P Y G L
U R C B S A N E G O C I A R E
H M S L O C D E C I D I R N Q
N A B P C P R E S I D E N T E
O R Y P A H E P Y N A V I O B
O P R E G U I Ç O S O P M A Y
```

FLOR
ESGRIMA
AMERICANO
EMPRESTAR
PREGUIÇOSO
PUXAR
FORMAR
AINDA
COSTA
FACULDADE

REUNIÃO
PRESIDENTE
PRADO
DECIDIR
NEGOCIAR
TRINTA
QUANDO
QUERIDA
CARVÃO
NAVIO

Puzzle 44

```
C I U S O T E R B P C U S T O
E U A B Ã O A A O R T E R R A
N F M R Ç N A R M O B E B E R
T V V P I Q Z B B D L M P V I
A O I M U U D E E U C R Y L E
V H A S T A E U I Z V O Z O D
O X O U I L S Q R I W I D V A
E E D E T Q C T O R Y R S N M
C R Í R S U U R E J T Á H E J
T V U Z N E L U E M T S W Z O
C V R F I R P D L C A S C C U
W E L P N W A H N A M O X G J
L S E P O R T Á T I L L X H B
E N G A N A R T H E O G G S D
```

CUSTO   QUEBRAR
ENGANAR   CENTAVO
GLOSSÁRIO   LER
DESCULPA   QUALQUER
RUÍDO   INSTITUIÇÃO
TEMA   MANHA
TERRA   VOZ
PORTÁTIL   MADEIRA
EXAMINAR   PRODUZIR
ENVOLVER   BOMBEIRO

Puzzle 45

```
G R I U B I R T N O C X C X A
O A A A T E L O I V L K O Q B
S C O M F P H R L V I U V T R
T I G Q I N Ó U Q D C O T H I
O L B T I T R I S C O J U Í R
T P U F I E V P I X U C Q L T
V A L R S E G U R A M E N T E
D O C A S O Z I N A R G E A H
G S T M F M S A L T A R E Q O
E T N E G I L E T N I R G T V
N O T A R X P O S I T I V A E
A I S J U Ó R E S E R V A G N
U T L O I R Á N O I C N U F T
L Q F Z X P F E D E R A L Z O
```

FUNCIONÁRIO
PRÓXIMO
ABRIR
NOTAR
CONTRIBUIR
RESERVA
FEDERAL
VENTO
APLICAR
ESCRITÓRIO

GOLFINHO
GOSTO
POSITIVA
SEGURAMENTE
TÍTULO
GRANIZO
SALTAR
VIOLETA
RISCO
INTELIGENTE

Puzzle 46

```
E X X P A N R I Y L B D Q C L
N D O D F H U R E D N E T N E
X B O P M A K A C K P S B F V
A H F P V M L C O Z E T D H Í
D V A L O R L N B T N R R J S
A P O U C O Z I R R T U C E S
P V I M X F F R E A E I A E O
V A F K S U R B N C A R Z X P
H U A Y G E N W S I R H V S S
F R S P X K M F D T C D E G R
G J E S Á B I O F A U T O R F
E X D K E A I F A R G O E G L
A T L E T I S M O P D K E Z T
P A R T E D M G L H A E N U N
```

COBRE
GEOGRAFIA
PARTE
ENXADA
BRINCAR
DESTRUIR
SÁBIO
PRATICAR
PENTEAR
POUCO

FORMA
DESAFIO
VALOR
PODE
POSSÍVEL
ENTENDER
LEAL
MESMO
ATLETISMO
AUTOR

Puzzle 47

```
N  C  C  A  I  M  O  N  O  C  E  D  M  O  M
J  M  O  G  L  V  C  M  R  O  Y  X  K  G  M
U  A  Z  R  R  H  I  G  Y  Ã  B  A  F  H  E
R  G  I  O  D  I  Q  D  W  Ç  O  L  R  M  R
T  N  C  F  A  E  X  C  G  A  T  S  E  C  O
T  Í  T  O  T  C  I  D  E  R  E  V  D  F  E
O  F  A  P  A  M  L  R  K  T  R  A  N  A  Q
A  I  B  O  V  R  M  H  O  S  A  S  O  C  D
L  C  E  N  A  H  N  I  T  I  T  Y  P  U  H
H  O  L  E  R  P  C  O  A  N  R  D  S  L  G
A  G  A  N  G  V  B  Y  V  I  O  F  E  D  Y
Q  C  A  T  S  I  T  R  A  M  P  M  R  A  L
R  A  W  E  C  A  S  A  R  D  M  X  B  D  E
S  E  N  T  I  D  O  U  N  A  I  Q  Z  E  O
```

TINHA	ECONOMIA
OPONENTE	VEREDICTO
MERO	RESPONDER
FRIO	CESTA
FACULDADE	IMPORTAR
CORVO	ARTISTA
GRAVATA	TOALHA
ADMINISTRAÇÃO	CASAR
MAGNÍFICO	TABELA
CORDEIRO	SENTIDO

Puzzle 48

```
B  A  F  T  T  T  O  P  Q  Q  I  H  S  P  D
I  M  X  L  L  D  I  A  L  E  N  A  C  E  I
S  R  P  S  A  D  P  S  F  L  A  M  X  R  R
O  O  Q  R  T  D  Ó  S  Y  E  E  E  Z  D  E
N  F  P  E  N  B  C  E  G  D  R  G  J  O  C
T  E  D  R  E  V  S  I  O  A  P  A  N  A  C
E  R  Z  F  T  H  E  O  I  D  M  T  T  R  A
D  E  L  O  I  E  L  V  L  R  E  N  R  O  O
I  T  E  S  O  M  E  O  R  E  S  A  F  I  T
G  M  A  Z  O  J  T  N  A  V  E  V  R  R  O
E  P  C  X  M  N  G  L  X  F  R  M  J  E  C
R  O  Ã  Ç  A  N  I  B  M  O  C  D  J  F  A
I  J  T  Z  H  D  A  Z  Y  J  R  X  Q  N  Y
R  K  R  F  F  W  Z  J  E  W  Q  E  T  I  N
```

SEMPRE
REFORMA
PERDOAR
VANTAGEM
TAXA
VERDADE
TELESCÓPIO
SOFRER
DIRECCAO
OITENTA

VERDE
DIGERIR
PASSEIO
CANELA
TAREFA
PRADO
NOVO
COMBINAÇÃO
BISONTE
INFERIOR

Puzzle 49

```
C O R A Ç Ã O O J V G A T F G
B O E L Ó R T E P L A C Z N G
W Y W W Z N R A R A L C E D F
B V K X A C B O E X E R G I T
O C Y T G L O R S X R M I Q F
L L R V M Q R C S S A A L H A
A O L O J S D U A C A F B O Z
P W W W F A A L T E S C H T E
X B Q T O L M H N S O Y S X N
U Z U D D S Y U E S N J C E D
K A A J I A W K M A H R T H A
A L R B I G B J I R A F Q T K
P A R A B É N S P O R V C A I
C M N N M T G V E R M E G G F
```

GALERA	VERME
MALA	PIMENTA
PORTANTO	LADO
PRESSA	LUCRO
BORDA	CESSAR
ESCASSO	PETRÓLEO
BOLA	FAZENDA
PARABÉNS	SONHAR
DECLARAR	CORAÇÃO
SALSA	TIGRE

Puzzle 50

```
T  S  S  U  F  I  C  I  E  N  T  E  W  H  A
I  D  E  N  T  I  D  A  D  E  E  U  S  H  I
O  M  E  M  B  R  O  C  E  R  V  O  C  B  O
V  L  C  O  N  V  E  R  S  A  T  N  T  Ã  Q
I  A  J  E  E  L  N  O  E  T  H  B  B  M  U
S  U  P  R  I  M  E  N  T  O  S  A  H  G  I
S  D  G  A  W  N  I  P  C  V  S  U  M  I  N
E  I  D  C  I  A  R  I  E  R  R  A  C  T  T
R  V  V  O  A  R  R  Q  H  R  Z  O  M  F  A
G  I  S  F  N  N  I  T  I  R  N  T  B  F  L
A  D  U  M  E  A  T  C  U  D  C  L  P  A  Z
O  N  F  O  R  L  A  R  U  T  L  U  C  T  X
O  I  V  U  A  N  R  T  T  Z  G  H  F  O  Q
B  L  N  L  E  V  A  T  R  A  C  S  E  D  D
```

SUPRIMENTOS
CONDUTA
MEMBRO
SABÃO
DESCARTAVEL
IDENTIDADE
CARREIRA
CONVERSA
VOAR
ARENA

FOCAR
INDIVIDUAL
AGRESSIVO
CULTURAL
HURRICANE
QUINTAL
CERVO
IRRITAR
FATO
SUFICIENTE

Puzzle 51

```
I  D  B  H  J  H  F  F  X  C  L  F  R  E  P
F  T  E  T  N  E  M  A  T  A  X  E  X  V  B
L  R  R  S  Y  S  N  I  D  T  L  A  U  Q  A
Z  S  T  D  P  B  O  N  E  C  A  E  P  E  V
P  N  S  E  M  O  C  O  L  F  N  G  N  M  J
B  Ó  E  L  O  Ã  R  A  V  O  R  P  P  A  U
P  V  R  I  T  Ç  O  T  I  N  G  L  Ê  S  J
W  I  R  C  O  N  X  E  O  T  O  F  M  Q  M
K  N  E  A  R  U  G  A  L  I  N  H  A  C  Z
W  H  T  D  I  F  V  A  G  Ã  O  H  L  I  M
X  O  M  O  S  J  J  U  B  D  M  F  X  J  V
A  O  V  I  T  R  O  P  S  E  D  W  O  B  S
N  K  L  L  A  T  N  E  M  Z  W  W  J  V  P
D  R  D  N  P  Q  Q  I  Y  D  D  D  M  L  G
```

BONECA	DESPORTO
FOTO	JANELA
QUAL	TERRESTRE
FLOCO	DESPORTIVO
FUNÇÃO	PROVAR
VINHO	PÓS
DELICADO	INGLÊS
MILHO	GALINHA
MOTORISTA	EXATAMENTE
VAGÃO	MENTAL

Puzzle 52

```
R A D N E M O C E R R V G D C
R F C O Ã Ç A E R I I X Q E O
T E S T E B V U T E B G R S N
O A C A R T S I N I M D A P S
Ã F G D Q J M J M G G B I E T
Ç L N B V R A R T N E N E R R
E X O B E H L E Y Y I R H D U
R T G P D I V I S Ã O A C Í I
I Z E P E S A R G R A V E C R
D Z K U W R I U R E R R W I Z
Q F H W G K D H U P B E Z O P
T P G B D O U K A D M S H B J
Z G E G N R F D L P O B X A P
C R O C O D I L O N S O L N Q
```

DESPERDÍCIO   CONSTRUIR
RECOMENDAR   REAÇÃO
DIVISÃO   MAU
BOXE   CROCODILO
SOMBRA   ENTRAR
OBSERVAR   DIREÇÃO
TESTE   GRAVE
ADMINISTRACAO   CHEIA
FOGUETE   PESAR
NABO   PERMITIR

Puzzle 53

```
A  N  A  M  E  S  F  R  N  K  L  I  Y  E  I
V  A  O  H  S  Á  L  I  L  H  O  Ã  M  I  L
L  S  C  F  O  V  U  Z  G  T  V  D  W  I  P
J  U  E  Y  G  E  G  L  I  U  A  J  O  L  J
D  B  M  J  V  D  E  U  M  U  R  V  E  L  M
C  N  B  S  Z  V  Q  Z  W  B  I  A  L  A  S
O  U  O  Z  W  S  L  L  V  L  E  R  U  N  A
D  F  R  V  O  R  E  M  Ú  N  H  O  C  O  L
O  J  A  M  R  E  Z  B  J  R  N  G  M  I  H
R  Y  Q  P  B  D  B  B  Y  V  A  A  I  C  O
N  N  O  M  E  R  Q  D  I  U  B  J  B  A  P
I  E  A  R  I  E  F  A  Ç  R  E  T  J  N  O
Z  H  O  X  Q  P  S  I  T  U  A  Ç  Ã  O  R
R  A  P  I  D  A  M  E  N  T  E  O  K  I  Ó
```

EMBORA
TERÇA-FEIRA
NACIONAL
FIGURA
LILÁS
SEMANA
LIMÃO
AGORA
ALHO-PORÓ
RAPIDAMENTE

CODORNIZ
PERDER
NOME
BANHEIRA
MOSQUITO
SALA
LOJA
NÚMERO
SITUAÇÃO
DUCHE

Puzzle 54

```
M K D B P M A G F Y Q N G B C
E E E D A D I S O R E N E G O
N M S D O Y M R C R B L O O N
O A C Z G S W N O W A A Ã P S
R I A X I A C V S B G N X F T
Z S R D A C I W E U R O E X A
Q L T R L T R M P I U I N R N
U R A S U C A F M N T S O I T
B D R C C A P U E O D S C G E
H U E W Í B S J U A D I A R D
T X J X T E D E V E R F A U L
E A C O R G A M B A S O E S O
B Q Z R A T N E V N I R J C E
L M J L P C R E M E S P A A X
```

MAIS
PARTÍCULA
GENEROSIDADE
PESO
CREME
CONSTANTE
RESUMIR
CONEXÃO
PROFISSIONAL
MENOR

INVENTAR
SURGIR
MAGRO
EXECUTIVO
DESCARTAR
ACUSAR
CAIXA
DEVER
FEITO
ADIAR

Puzzle 55

```
C C I E I Q T R O T I N O M I
O C A H L U S E T E V R D O R
B A F F O E Ê D N E P Y O E I
E N K E V I R N E N A J T W N
R G Z H R M T E M P D A H G O
T U R I X A K T I E Z O P V C
U R J E E R R R R Q P M I G E
R U S O M A A U P U I W L S R
A R H F Y I P D M E A V C F O
G U D Y L O S X O N J T G E N
P A F I H G Z J C O F U Z U T
S P X E C O N H E C E R D X E
E U R C V A L E C D F V G S T
A I E P O T N E C U R L G U W
```

VALE	AUXILIAR
DOIS	SOL
COBERTURA	COMPRIMENTO
TENDER	CONHECER
CENTOPEIA	SETE
TODO	PARK
RINOCERONTE	QUEIMAR
TRÊS	MURAR
CANGURU	SOMA
PEQUENO	MONITOR

Puzzle 56

```
P  R  H  R  O  R  V  A  L  H  O  T  M  F  H
O  E  N  Â  T  N  A  T  S  N  I  R  Q  E  M
B  P  I  N  U  N  D  A  C  A  O  I  W  B  Z
R  P  R  H  O  K  N  T  X  I  D  B  G  O  A
E  I  A  O  L  Q  O  E  X  J  A  U  Y  P  Z
H  L  G  T  C  D  M  V  F  O  M  N  W  S  E
O  F  E  N  C  U  R  V  A  E  A  A  X  G  R
M  M  P  E  R  E  M  O  V  E  R  L  N  H  U
E  T  P  M  A  S  E  K  L  C  G  O  V  Z  T
M  J  V  I  Y  R  V  T  L  A  L  Q  X  D  A
U  C  O  C  I  D  É  M  G  Ç  R  M  S  Q  N
Q  M  C  S  O  J  N  H  Q  A  O  R  N  T  L
T  L  N  A  I  R  G  E  L  A  Z  F  I  N  E
J  V  L  N  T  R  I  M  E  S  T  R  E  C  H
```

CURVA	ALEGRIA
ORVALHO	NATUREZA
LONGE	CAÇA
ONDA	TRIBUNAL
GRAMADO	HOMEM
INSTANTÂNEO	PEGAR
POBRE	NASCIMENTO
CORPO	INUNDACAO
REMOVER	FLIPPER
MÉDICO	TRIMESTRE

Puzzle 57

```
D I S C U S S Ã O J D T R O H
W U Q R R R A P O S A I T N A
R E G U L A M E N T O R O A B
E R K K A R T H L C E A A I E
H V H L E H L R Y C Z L N P L
L V O N A C I R E M A I T A H
U Q K D A N D C O S Y C E N A
M A P Y M A C A C O N S S R S
I M A G E M U M O C O O A V S
T E N I S T A P G V O R C N P
A M E I X A M R W X E Y L F I
R U D E X Y A D A L E N O T P
B X L R W H X D O C I F Á R G
I Y B F J S P T M T I T A L D
```

DISCUSSÃO   MULHER
CONSERTAR   PIANO
MACACO   REGULAMENTO
TONELADA   RUDE
AMEIXA   ANTES
ABELHA   AMERICANO
COMUM   CERTO
IMAGEM   OSCILAR
RAPOSA   TOLERAR
TENISTA   GRÁFICO

Puzzle 58

```
I  J  R  K  V  R  A  L  A  C  S  E  Z  A  N
G  B  P  R  Q  Z  H  Z  I  M  Y  Q  X  V  R
R  T  E  J  E  V  E  N  A  M  D  J  I  I  Y
E  O  I  R  J  T  C  Y  S  P  F  M  Q  T  A
J  T  B  V  R  L  O  R  E  A  M  A  F  A  S
A  O  E  E  H  V  R  R  E  X  T  E  R  N  O
P  R  C  B  M  O  M  A  E  N  T  Z  S  R  Ã
G  A  C  A  R  I  E  D  A  L  E  G  L  E  T
M  G  E  Z  S  I  L  R  N  P  O  W  C  T  N
A  M  E  S  T  R  E  O  R  A  P  E  R  L  E
P  L  Ã  R  A  P  I  C  I  T  R  A  P  A  A
H  O  R  U  D  A  M  N  Q  L  R  N  L  F  F
I  O  Ã  I  N  I  P  O  C  I  T  S  Á  L  P
H  V  K  D  W  E  F  C  U  K  Y  K  Z  N  A
```

IGREJA	PLÁSTICO
ENTÃO	PERMISSÃO
GAROTO	PARTICIPAR
ESCALAR	GELADEIRA
MESTRE	SAIA
CERTEZA	POBREZA
OPINIÃO	ALTERNATIVA
COR	MADURO
EXTERNO	REPARO
NEVE	CONCORDAR

Puzzle 59

```
R H O T A M R O F G C B D I Y
D E Ã C H Q A E H P A R R D X
I P S O D A D D S P I U W J C
F I S T Q K L A A P R X A I A
E C I P A F G D U L E O W Q M
R N F E R U L I Y O Ô I Z Y A
E Í N R A X R C M O D G T S E
N R O D C A L A O G N I M O D
Ç P C I S K L P N P I L O T O
A M F D Á N X A R T W W J J C
H B Z O M B X C N C E M W S M
A M A R R A R C A M P A N H A
I R T S I M P L I F I C A R R
I L R E U T I L I Z A V E L P
```

ALÔ
CONFISSÃO
RESTAURANTE
PERDIDO
CAIR
CAMA
BRUXO
RESPEITO
MÁSCARA
SIMPLIFICAR

DIFERENÇA
DOMINGO
DADOS
FORMATO
PRÍNCIPE
REUTILIZAVEL
CAMPANHA
CAPACIDADE
AMARRAR
PILOTO

Puzzle 60

```
L A I D N U M D Z E U C N I V
S A N E P A R U T L A E L N V
F D G W I P X L B V G D Z G S
A I O A O M Y Q B O O L S R E
F R C T R A N I C I D E M E C
O E I E A T D I S Z A V O D R
H F N N R A O R B X R A C I E
H V Z A G K Q Y O J O I I E T
V A A C I J U H I G M R D N Á
E Z I K M E C E H E A A E T R
S H Á B I T O H J D N V N E I
T P R O S S E G U I R U T M O
I Y M P N D L O E V L P A P R
R E F P A E T R H B J U L K Q
```

NAMORADO   CANETA
MUNDIAL   MEDICINA
NEGOCIO   LAGARTO
APENAS   VARIAVEL
INGREDIENTE   DROGA
FERIDA   ALTURA
PROSSEGUIR   MIGRAR
TAMPA   OCIDENTAL
HÁBITO   SECRETÁRIO
CINZA   VESTIR

Puzzle 61

```
C A W D N A T L Z V C G V T T
O Ã Ç A Z I N A G R O M R E T
G T E N V I A R Z G U Q X T O
U T A R U T N I P L K F H H R
M O Z R A T I D E R C A N A E
E P H L P B K R Y Z B I T D P
L O W I O P O S T O V I L E M
O M O S O L E D S E D P L C O
C O N F I N A R Z E S Z E I R
H K V R O G N A R O M B M M R
E X É R C I T O F G W R B A I
W T Q N I P Q W N S I J R L O
E E H U X K N U G A E T A D A
S E C O X I A B   K P Y R B E
```

BAIXO
MORANGO
CONFINAR
DECIMAL
TERMO
IRROMPER
TOPO
ORGANIZAÇÃO
ACREDITAR
ENVIAR

PINTURA
PRATO
OPOSTO
AZEVINHO
EDITAR
LEMBRAR
SECO
COGUMELO
EXÉRCITO
DESDE-LOS

Puzzle 62

```
S  W  K  H  E  O  O  C  U  P  I  D  O  Y  C
T  I  H  L  R  O  P  T  X  B  R  C  P  G  Y
N  Z  S  A  A  P  E  G  Y  K  I  T  X  X  E
A  D  L  T  S  H  R  L  G  N  G  I  S  E  D
V  C  I  I  E  V  A  E  E  W  P  E  J  P  S
E  M  Q  R  R  M  R  M  M  E  A  X  M  Q  E
G  B  J  F  P  O  A  F  P  V  E  I  I  C  S
A  R  O  D  A  L  U  C  L  A  C  S  C  E  P
R  O  W  C  M  R  K  G  E  U  F  T  O  L  O
Z  L  W  E  F  O  B  L  T  H  A  I  R  E  R
F  É  R  I  A  S  Z  N  O  L  L  R  R  I  T
J  C  C  Y  X  D  V  N  M  Q  S  X  E  R  E
R  P  C  A  P  A  M  X  Y  H  O  G  I  O  S
E  S  T  R  A  N  G  E  I  R  O  B  O  L  V
```

AVE	CALCULADORA
OPERAR	DESIGN
FALSO	CORREIO
PRESAR	CUPIDO
EXISTIR	ESTRANGEIRO
SISTEMA	FÉRIAS
LOBO	CLARO
MOTEL	NAVEGAR
CINEMA	FRITA
ESPORTES	CELEIRO

Puzzle 63

```
N W M N F G U O I G Ó L E R R
J A Q U E T A D S Q I R Q X U
O C U L T A R Z F N I W U I N
G A Q L E T S A D M M P E M N
E A Q B N R P A P U O R I A I
S I U R E E T R S E H E J G N
S R Y R K L D E A S F B O I G
Ê A W G R A D H P I I A C N N
P D C O R O A L K R B S G A C
E N Q U A N T O A C O L T R R
F A E N K A X C P F G I N I X
Y V M D R G Q S M X Q F B H R
L A I I O D Ú E T N O C J I B
F L H E L I C Ó P T E R O Z R
```

ALERTA	RUNNING
LAVANDARIA	ASSISTIR
QUEIJO	CRISE
PROIBIR	RELÓGIO
SABER	OCULTAR
JAQUETA	ESCOLHER
ENQUANTO	HELICÓPTERO
COROA	ROUPA
IMAGINAR	CONTEÚDO
LINDA	PÊSSEGO

Puzzle 64

```
P  C  A  S  S  A  R  B  J  I  B  U  R  C  P
W  L  P  C  L  H  Q  U  O  C  É  U  E  R  G
G  A  M  O  I  D  Ó  U  E  L  U  B  C  S  T
R  S  T  M  C  Z  O  Y  U  B  O  M  E  B  T
E  S  E  E  L  N  T  P  N  L  O  T  R  N  A
S  E  M  R  A  O  S  N  A  G  T  U  A  E  O
U  F  P  C  S  C  O  N  S  Q  L  G  P  Q  T
L  M  O  I  S  A  R  L  E  E  O  A  A  C  I
T  Q  R  A  I  S  T  A  E  Q  S  Y  V  X  E
A  O  A  L  F  F  W  W  A  K  V  I  P  A  F
R  O  D  F  I  C  J  O  Q  C  L  H  Y  Q  R
Z  V  A  H  C  H  O  U  V  D  I  S  J  Z  E
P  Q  M  P  A  I  J  R  E  G  E  T  O  R  P
M  H  U  Y  R  B  Y  G  C  V  O  A  Q  P  W
```

TEMPORADA	SOLTO
CLASSE	COMERCIAL
GANSO	SACO
PERFEITO	APARECER
BOLOTA	LAVAR
BULE	PROTEGER
BEM	CLASSIFICAR
CÉU	CEBOLA
RESULTAR	ASSAR
ROSTO	ÓDIO

Puzzle 65

```
C D O C I T P Í L E V H M S V
N O T S O P U S N Z A Q E U E
A B N U K J T A O S C T N P L
V O E C S O P R A R A G C O O
A L L B E V A H C L N A I R C
Z A A A H B O R A J E P O T I
W Q T Z P B E D M P D V N A D
G O T A D P P R N R H N A R A
S U M D I F Í C I L W V R I D
A V E N T U R E I R O J F E E
X W H E H M I F P A D D K T S
W B A R I E F A D N U G E S D
Q R Q L R A S U O W S L H G V
N U N H U K E E S C O V A H F
```

ESCOVA
SEGUNDA-FEIRA
VACA
AVENTUREIRO
VELA
ORA
ELÍPTICO
CONCEBER
SUPORTAR
VELOCIDADE

MENCIONAR
GOTA
SUPOSTO
REI
LOBO
TALENTO
CHAVE
SOPRAR
USAR
DIFÍCIL

Puzzle 66

```
C E Z X T F Y Y V L T N H B P
K M C E G M F R A T E N A L P
S B B O T S E R M W O Q F P M
E R L R M I E W P Y K Z O S N
G U A T B P H P I Y N F T W U
U L N A K C A O R T J A I Y T
R H O E I C E N O C A R U B R
A A I T Í J S R H L E X T P I
R R C F X J N I E E R D A L E
P R I V A R I N U P I T R A N
P C D T E S O U R O E R G N T
O U A S O L D A D O O N O O E
V C R A N F I T R I Ã O T I J
N D T R E V I S T A F T G E I
```

SEGURAR
RESTO
PLANETA
PUNIR
COMPANHEIRO
NUTRIENTE
BURACO
REVISTA
ANFITRIÃO
PRIVAR

TEATRO
PACÍFICO
TRADICIONAL
TESOURO
EMBRULHAR
PLANO
SOLDADO
VAMPIRO
GRATUITO
REPENTE

Puzzle 67

```
L O M I X Á M M P E R D Ã O U
P M W E D U E P O W M G D T T
I O Q A L G L A N W I J T E K
J K G A A H A N N E I C Z M G
E O S V I D O C I P Í T E P E
B X L N E U O R Y T P I S E M
W E S R R T A A A V R B C R O
S L K Z R R C M C R E M R A C
T P P E O L C I S G C T E T I
M M B T C J E T Í S I J V U O
O O C R A B L L A O O V E R N
C C Y T Y L O U F M S F R A A
F R A C O P C K W A O S X M L
I N S T A V E L I R O L A O Q
```

FAÍSCA
ESCREVER
SELVAGEM
COBERTO
EMOCIONAL
PRECIOSO
MELHORAR
BIT
CORREIA
ULTIMAR

INSTAVEL
FRACO
SOMAR
PERDÃO
TÍPICO
BARCO
MÁXIMO
TEMPERATURA
COLECCAO
COMPLEXO

Puzzle 68

```
N  I  Z  E  M  Y  C  Q  H  M  I  R  R  G  M
D  P  V  L  J  R  R  O  D  I  M  Í  T  D  O
E  E  S  P  O  S  A  Ã  N  M  O  G  I  R  T
R  I  B  P  D  G  R  Ç  I  G  D  Z  Q  S  O
R  M  E  L  A  Y  D  I  F  A  E  I  Q  O  C
E  O  L  I  T  S  E  U  F  M  Y  L  Q  D  I
T  G  S  C  S  Q  P  N  U  O  N  E  A  O  C
E  E  T  Z  E  S  N  I  P  G  Y  F  P  R  L
R  E  C  E  H  N  A  M  A  G  I  F  S  I  E
C  R  I  A  N  Ç  A  I  V  O  F  H  A  E  T
K  Y  W  G  D  D  B  D  T  J  T  Q  B  H  A
S  D  W  U  F  L  Z  A  A  V  T  I  N  C  K
M  R  Z  Z  Y  M  P  S  S  K  S  G  R  Q  F
S  A  L  G  U  E  I  R  O  F  K  L  Y  G  N
```

TRIGO	PEDRA
SALGUEIRO	DIMINUIÇÃO
ESPOSA	CONGELAR
DERRETER	ASPA
PATO	GRITO
CHEIRO	MOTOCICLETA
DOM	TÍMIDO
ESTADO	ESTILO
AMANHECER	CRIANÇA
PUFFIN	FELIZ

Puzzle 69

```
F  T  Y  L  J  C  E  T  N  A  T  S  A  B  B
R  O  E  C  M  B  U  R  E  N  V  I  O  W  I
E  T  Q  I  U  R  Q  O  H  R  R  A  W  A  C
Q  A  O  N  M  E  R  P  H  N  I  X  M  U  A
U  L  Ã  D  N  N  A  I  R  E  D  O  P  T  D
E  U  Ç  S  I  G  P  C  U  U  N  Y  A  O  A
N  Y  I  H  Y  R  R  A  H  L  O  F  L  M  V
T  C  S  I  A  E  O  L  B  W  X  O  U  Ó  I
A  K  O  S  N  C  P  L  R  T  D  Z  G  V  F
R  A  P  E  R  G  K  D  O  M  Q  Q  A  E  O
H  U  M  A  N  O  L  H  F  C  G  B  R  L  N
D  J  V  A  I  C  N  Ê  U  Q  E  S  K  I  T
P  R  E  P  A  R  A  R  S  Z  W  Z  R  M  E
Q  K  D  O  N  I  N  H  A  Y  A  M  U  L  E
```

ENVIO
ALUGAR
FREQUENTAR
PREPARAR
POSIÇÃO
TROPICAL
PODERIA
FOLHA
SEQUÊNCIA
FONTE

HUMANO
CISNE
BICADA
BASTANTE
COLORIDO
TOTAL
INGLÊS
PARQUE
AUTOMÓVEL
DONINHA

Puzzle 70

```
C G R G B G F A B A C A X I D
O R O P W R I U L C N O C P E
R A S U A P N O T S S N U N O
T T A L O C H E I U A G E B T
I R H N T L Z H G J R R P C N
N O C S E T N A G I G O V X E
A P M M S P X W W I T R E K M
B X R A C I R B A F M I L H A
Q E A F X Y E B R E N E T I Ç
V D H F M E H Y P S N U M G N
Y A N U X O L M B P S G B Z A
D D A P X H O P W A W L Z R L
H I G W A G C P V Ç V A U P L
L I M P A R I U Z O K S J Q V
```

COLHER   IDADE
GANHAR   CORTINA
FUTURO   VERMELHO
MILHA   COLA
PAUSAR   SALGUEIRO
GIGANTESCO   ENERGIA
ABACAXI   ESPAÇO
LANÇAMENTO   CONCLUIR
ROSA   FABRICAR
EXPORTAR   LIMPAR

Puzzle 71

```
C Y M I S J X A D E L U F A E
Q O J A R R U M E N A F E M C
I Q B E R A M B S S C R R I E
F Q E R J I A W C I M O I G N
B Q K N I R D U A N G N R Á T
B Q Y U V R M O N A R T H V E
L U G A R O Ê O S R I E K E N
B Y R E E S S B O G T I N L A
R E T O R N A R R S A R G I R
P R O G R A M A O I R A G I L
X P W C B E O A O P L H C Z Y
E W S V B N V X X Á Q H A G Z
Z F N A R I Z T J L G S O Z W
P R E S I D E N T E D E R A P
```

AMIGÁVEL
FRONTEIRA
DESCANSO
LIGAR
MARIDO
PRESIDENTE
SORRIA
BRILHO
PROGRAMA
COBRIR

CENTENA
GRITAR
LUGAR
MÊS
PAREDE
ENSINAR
RETORNAR
LÁPIS
NARIZ
FERIR

Puzzle 72

```
I  O  L  W  M  U  A  A  Y  R  Q  V  F  I  T
M  T  I  T  B  Ç  V  S  R  O  K  F  X  N  U
P  U  C  O  R  A  E  S  A  B  V  P  C  V  R
A  J  Á  O  N  I  L  U  C  S  A  M  E  E  Q
C  Y  F  V  V  Z  A  A  J  W  I  D  D  S  U
T  H  J  Q  O  G  T  B  R  R  K  B  O  T  I
O  W  M  R  E  D  A  V  O  E  O  N  S  I  A
K  U  E  Q  O  D  N  I  S  W  G  U  P  M  J
Z  F  B  W  C  I  Ê  N  C  I  A  L  A  E  B
A  B  O  R  D  A  G  E  M  C  V  G  L  N  Y
X  P  M  S  P  O  L  T  R  O  N  A  O  T  F
L  A  N  D  A  R  N  O  I  T  E  Q  C  O  X
C  A  R  T  E  I  R  O  Ã  Ç  I  D  N  O  C
A  E  A  H  J  R  T  U  J  H  L  P  G  Q  G
```

NATAL   ANDAR
FEROZ   CARTEIRO
BASEAR   CEDO
GERAL   ABORDAGEM
IMPACTO   INVESTIMENTO
NOITE   FORÇA
TURQUIA   COLAPSO
FÁCIL   MASCULINO
CONDIÇÃO   CIÊNCIA
INDO   POLTRONA

Puzzle 73

```
S A A J Y I O T I S Ó P O R P
H K Z O T N E M O M U Ã K U R
B X Z D F Q R A J E S E D I O
G G A I M X C P A U L K I C D
F A L T A R V A L F K R H F A
O D A N I E R C H U B O M I D
P A F A X P N D F A C H A C A
C R A M N O E L P O A L V H H
R A L A C Q G D L X T E Y A N
A P H X X C E A U F K M W L I
T Ç A Q E E T P O S T A R E R
N D O R I E H L A V A C A I R
I F A V O R I T O R I K I R A
P P L A N T A R B P Y Y G A C
```

FALHA	MELHOR
CARRINHA	PLANTA
CAVALHEIRO	REINADO
POSTAR	CHALEIRA
PARADA	FALTAR
CONCLUSÃO	PINTAR
CHOCOLATE	PROPÓSITO
RODADA	DESEJAR
AÇO	FAVORITO
MANTIDO	MOMENTO

Puzzle 74

```
C C X E S T A B E L E C E R E
X O O E A F L X R A X E N A R
R C N R M T I T F U A D G R R
O P T S R R V Z T T T E A O O
I W I K E E I T H A R S F L J
R M B A R C N D P N I G A P F
E M P L D E U T S F B A N X L
S E U R K R B T E I U S H E Á
I C Z O Ó A Y T I L I T O D G
D Â T K D P D D E V R A T O R
E N L W I Q R S Z N O D O E I
N I O T O R F I L N J A N N M
T C J S A L E G O P E S W F A
E O H F Z F I N A N C E I R O
```

IMPRÓPRIO	BAR
RESIDENTE	LÁGRIMA
PARECER	FINANCEIRO
KIWI	DESGASTADAS
ANEXAR	ERRO
CONSECUTIVO	MAS
MECÂNICO	GAFANHOTO
ATRIBUIR	SAL
ATUAL	EXPLORAR
CORRENTE	ESTABELECER

Puzzle 75

```
J  B  B  G  U  A  R  D  A  R  O  U  P  A  S
D  E  S  A  P  A  R  E  C  E  R  L  O  F  U
C  R  E  F  E  R  I  R  F  O  A  H  Y  G  B
O  M  E  R  C  A  D  O  T  I  N  U  F  W  S
R  I  U  S  S  O  P  N  C  A  E  I  G  X  T
D  S  Z  M  A  H  O  E  B  P  J  E  N  V  A
E  Z  K  E  U  P  P  S  L  R  F  O  V  Z  N
I  U  Q  T  K  S  C  O  N  F  L  I  T  O  T
R  E  T  N  E  M  A  S  O  R  O  L  O  D  I
O  M  P  E  B  O  R  R  A  C  H  A  R  R  V
V  W  Y  C  F  L  U  X  O  Y  Q  S  U  Q  O
E  G  N  E  K  R  A  R  U  T  P  A  C  E  U
C  S  E  R  E  T  N  O  C  N  G  F  S  V  E
A  Ç  A  F  R  Ã  O  Ã  Ç  A  T  S  E  O  J
```

CONTER	REFERIR
BORRACHA	SUBSTANTIVO
FLUXO	MERCADO
ESTAÇÃO	POSSUIR
DOLOROSAMENTE	BANHO
AÇAFRÃO	RECENTE
DESAPARECER	CORDEIRO
PONTO	CAPTURAR
ESPECIAL	GUARDA-ROUPA
ESCURO	CONFLITO

Puzzle 76

```
S  R  V  R  I  C  O  D  N  I  L  U  Z  A  O
U  S  R  N  S  T  S  E  R  U  G  L  A  L  N
R  W  U  D  A  L  M  E  V  E  R  B  O  X  C
P  B  V  P  P  O  S  J  J  D  Z  F  C  V  E
R  E  A  B  C  T  T  R  A  N  Q  U  I  L  O
E  S  R  C  A  M  S  S  K  Y  B  K  T  L  S
S  S  Z  N  O  T  G  U  O  O  Z  R  Í  H  U
A  M  T  R  E  D  N  E  R  P  A  I  R  V  P
D  E  L  I  C  I  O  S  O  P  B  F  C  B  E
G  V  H  Y  R  E  V  I  V  E  R  B  O  S  R
D  U  C  O  N  F  O  R  T  O  J  E  X  M  I
I  N  Q  J  W  T  H  L  A  N  V  R  S  Q  O
C  E  S  P  O  S  O  L  A  V  A  C  P  O  R
S  I  G  N  I  F  I  C  A  T  I  V  O  A  Q
```

NUVEM	VERBO
ESPOSO	CONFORTO
SUPERIOR	DEU
CRÍTICO	DELICIOSO
SIGNIFICATIVO	TRANQUILO
LINDO	AZUL
SAPATO	SURPRESO
SOBREVIVER	SURPRESA
CAVALO	ALGURES
APRENDER	RESTANTE

Puzzle 77

```
V  M  G  O  E  J  F  U  M  Á  Y  R  V  G  P
L  E  A  Ã  E  Y  O  H  N  A  R  A  S  U  M
E  T  A  R  A  V  A  N  Ç  A  R  V  S  Z  U
B  R  V  D  G  K  S  N  Y  A  A  R  O  C  M
R  O  G  A  O  A  Z  F  O  H  Ç  F  E  R  S
E  S  K  P  R  Q  R  L  H  O  N  W  R  Z  E
K  X  O  K  I  J  X  I  P  I  A  Y  E  A  G
C  F  L  F  E  M  G  T  D  N  L  A  N  T  C
A  N  B  K  S  L  D  N  B  A  O  S  A  J  C
L  N  G  N  A  B  O  C  I  G  Á  R  T  O  O
M  O  N  D  R  A  C  O  L  O  C  E  L  R  L
A  D  S  D  T  J  E  J  W  Q  C  V  O  N  I
I  D  E  N  T  I  F  I  C  A  R  N  V  A  N
H  O  S  P  I  T  A  L  A  R  F  I  X  L  A
```

LANÇAR	TRASEIRO
COLINA	TRÁGICO
DOCE	ÁRVORE
PADRÃO	INVERSA
VEADO	SORTE
LEBRE	MUSARANHO
HOSPITALAR	CALMA
AVANÇAR	MARGARIDA
COLOCAR	JORNAL
IDENTIFICAR	VOLTA

Puzzle 78

```
U  D  F  Q  Y  A  R  O  D  O  V  I  A  G  L
N  L  C  N  E  I  C  H  O  Q  U  E  E  Z  F
B  T  A  Z  X  R  Q  O  R  I  T  N  E  S  H
R  Q  C  U  T  O  L  O  Y  M  G  T  Y  L  Q
S  D  A  Z  V  I  N  D  A  I  N  E  S  I  R
A  U  U  P  S  A  Q  V  B  T  S  M  Q  M  A
Ç  H  C  U  W  M  T  R  N  E  J  P  A  I  P
L  Y  L  O  R  R  E  F  W  M  V  E  G  T  R
A  Y  U  T  Ã  U  A  J  U  E  B  S  S  A  O
C  A  Z  R  O  Ç  U  J  F  R  L  T  A  R  X
M  J  E  A  G  H  E  S  E  M  V  A  C  V  I
R  K  W  U  X  A  Y  C  E  Y  O  D  A  N  M
U  I  S  Q  P  X  X  O  X  I  W  E  D  T  A
A  M  B  I  E  N  T  E  R  E  T  R  A  Q  R
```

FERRO	CALÇAS
SUCO	SENTIR
TEMPESTADE	CACAU
MAIORIA	SEM
TEMER	ARTE
VINDA	CHOQUE
GENGIBRE	EXCEÇÃO
LIMITAR	QUARTO
SACADA	RODOVIA
APROXIMAR	AMBIENTE

Puzzle 79

```
R  G  I  B  G  O  F  E  K  P  T  O  D  A  G
O  L  L  E  T  O  H  A  Z  Z  I  P  J  L  S
S  O  A  A  O  S  S  O  M  O  O  W  N  E  B
D  R  I  T  H  Ç  R  A  T  O  D  A  I  G  M
B  I  R  E  L  L  R  U  P  C  S  R  E  R  I
Q  E  E  L  E  R  B  E  F  T  E  O  F  E  N
C  L  T  C  O  N  L  W  B  O  L  D  X  T  H
L  A  A  I  C  N  Â  D  N  U  B  A  L  T  A
D  V  M  C  C  H  O  R  A  R  W  U  J  A  G
F  A  N  I  F  P  Z  P  E  R  I  T  O  D  F
E  C  S  B  F  O  R  C  A  N  I  U  Q  Á  M
F  C  J  U  N  P  Y  J  C  I  X  L  X  V  D
D  Q  C  B  P  K  F  E  C  T  J  F  W  R  L
E  E  C  I  G  E  J  J  N  Z  Y  W  U  T  U
```

ABUNDÂNCIA	BERÇO
ALEGRE	CERTO
FLUTUADOR	FAMOSO
COELHO	FEBRE
OSSO	HOTEL
MINHA	MÁQUINA
MATERIAL	CHORAR
CAVALEIRO	PIZZA
FORCA	ADOTAR
PERITO	BICICLETA

Puzzle 80

```
U F Y Z C O I G Á T S E Y V A
H A M B Ú R G U E R E N S I C
P O N T U A Ç Ã O Y D Y E V A
A I F A R G O T R O O Z K T U
I M O T I V A Ç Ã O S Z T G E
E U M L J W A O X C O K M T P
D V T A P Q R B Z L L G I T R
I Q P F N O Z M M U L V O F I
P R E M I R R I I A N R E P M
C A V E R N A R R O W F Y W A
M A R I P O S A C Y Q E S C V
K I V B Z E N C V L N Z D E E
N E B O Y J N A J D S E V A R
P I U P A H N I Z O C S G L A
```

PREMIR	ORTOGRAFIA
MOTIVAÇÃO	ESTÁGIO
CONVITE	PONTUAÇÃO
FEZES	IDEIA
FALTA	LARANJA
PRIMAVERA	POR
MARIPOSA	PERNA
COZINHA	HAMBÚRGUER
CAVERNA	CARIMBO
SEDOSO	CISNE-

Puzzle 81

```
G  S  G  B  B  S  A  E  D  A  D  I  V  A  C
L  E  U  Y  U  S  I  T  A  V  I  O  T  O  V
T  P  R  J  O  R  S  I  P  U  H  I  I  L  E
E  O  Y  A  R  O  E  M  M  S  B  R  R  Á  N
M  S  M  P  Ç  B  T  I  A  R  G  Á  Y  G  I
E  H  R  A  B  Ã  R  L  Ó  Y  T  S  U  G  L
R  H  E  F  T  E  O  S  É  V  A  R  T  A  H
G  X  I  E  R  E  C  N  E  T  R  E  P  N  A
Ê  Z  F  M  A  R  C  A  D  O  R  V  R  W  Y
N  D  E  T  E  R  M  I  N  A  R  I  V  A  R
C  C  O  M  P  A  I  X  Ã  O  O  N  J  B  X
I  B  I  T  R  U  A  G  U  A  K  A  I  C  X
A  P  R  O  N  U  N  C  I  A  C  A  O  Q  R
D  E  S  A  P  A  R  E  C  I  D  O  O  N  Y
```

DETERMINAR	ÓRBITA
CORTESIA	PERTENCER
CAVIDADE	GERAÇÃO
COMPAIXÃO	AGUA
ANIVERSÁRIO	TOMATE
VOTO	OLÁ
ILHA	MARCADOR
LIMITE	UVA
DESAPARECIDO	ATRAVÉS
PRONUNCIACAO	EMERGÊNCIA

Puzzle 82

```
A B R E B A N H O X Q I J M F
C H E G A R A V E L N A X Q O
X O D Y R Z X F A D G Z U S T
B P R D U P N P D I W P E E O
K R O K G C G P R E Ç O A G G
L A N O I C A N R E T N I E R
J T O Z F H E L C P S P M A A
E N C A I X A R M R E R B D F
R E M U I T O L A O N O S A I
Y T I L X Y I L A T H N H Y A
F S U T Z Y E U T O O T I K Y
O U R K M V Z A U M R O K U L
X S N C E T N A T R O P M I R
O V D R I N S P E C I O N A R
```

ENCAIXAR
FIGURA
FOTOGRAFIA
MOTOR
INTERNACIONAL
CHEGAR
REVELAR
SENHOR
SUSTENTAR
RUIM

PRONTO
LEVAR
IMPORTANTE
AGIR
PREÇO
MUITO
GEADA
CALMO
REBANHO
INSPECIONAR

Puzzle 83

```
N Y S E R G E L A V I G C C N
O L D U X E Z K I J P R G O M
T A R D E P D E R A L A F M I
T A M B É M E D É S I R Á E F
D V Q D O Ã P R S P K T R N L
S O D T L W B B I R P S T T O
Q T X F O T I O M M J O I Á R
M E J A S U W N Y U E M C R E
S C A U S A R E Z I A N O I S
I U J E A V Z C M E L M T O T
J Z B S R L F O A C J S A A A
P S U X I U W P E S S O A T L
R A O H G A L D E I A W W D G
C J P R O M E S S A J U U R G
```

BONECO
OITO
FALAR
CAUSAR
EXPERIMENTAL
SEXTO
ALDEIA
PROMESSA
MOSTRAR
TARDE

MISÉRIA
COMENTÁRIO
FLORESTA
ÁRTICO
PÃO
PESSOA
ALEGRE
TAMBÉM
CAUSA
GIRASSOL

Puzzle 84

```
O L H R C L J E W D H D Z P O
Q Z B T Á G R O S S O Y J I Ã
L Y T B P Z F H I W G P E G Ç
K J I E C S M E D O O O D B A
C O R R E S P O N D E R R M P
P R A I A C E N A C E A E J U
H C R U Z S D H Y J L L E S C
N E G A T I V A B U B K A A O
R E C E B E R P P M R R D R E
P E I X E A R I E D A D A N R
X M B W A W N M U S E U M S P
P A N O Z A C N U N T F O G V
Y X A O M S I L C I C K T U E
K E U K I G C A J M C W D V J
```

MEDO   PRAIA
RECEBER   CANECA
PREOCUPAÇÃO   EMBLEMA
NEGATIVA   LÁBIO
EXAME   CRUZ
MANIPULAR   PEIXE
CICLISMO   CORRESPONDER
PANO   NUNCA
GROSSO   MUSEU
TOMADA   NADADEIRA

Puzzle 85

```
S  U  L  C  D  E  P  R  I  M  I  R  A  D  O
Z  O  W  C  R  E  U  Q  B  Y  F  Z  D  U  P
N  F  F  Z  R  E  V  A  U  S  Q  M  I  P  O
N  Z  T  Á  R  K  S  S  Z  J  G  O  C  L  R
G  U  S  T  C  Y  D  C  C  N  B  R  I  I  T
R  E  C  E  R  E  F  O  I  L  B  D  O  C  U
O  Ã  Ç  C  I  F  I  G  U  M  R  E  N  A  N
D  E  G  F  B  Q  N  N  H  T  E  R  A  D  I
A  T  L  A  U  E  S  A  H  E  O  N  R  O  D
T  N  I  Y  S  V  P  R  D  U  D  N  T  K  A
N  E  V  O  N  G  I  F  S  Y  I  A  O  O  D
O  R  I  N  L  F  R  T  C  K  D  I  V  G  E
P  E  C  W  K  S  A  X  G  O  E  W  S  O  B
A  G  D  O  S  E  R  I  L  Q  P  Y  J  O  K
```

MORDER	GERENTE
DUPLICADO	OFERECER
OPORTUNIDADE	ALTA
QUER	DEPRIMIR
FRANGO	FICÇÃO
SUBIR	INSPIRAR
SUAVE	OUTONO
ADICIONAR	PEDIDO
CRESCIMENTO	APONTADOR
CIVIL	SOFÁ

Puzzle 86

```
P E N D U R A R F N B F M R E
A X E B D A H Y G T K U R D Y
P R S E T P G G O K O R A P Q
A Q U I J U S O D A V D V L F
G G E A S C J W A Y I V L P W
B A S E N O Q Y D V M X A L X
C A L C U L A R I O P U S B B
L R O T A F L T U N T U Y B C
O C C J I T A O C R A C I B T
C O E N S I I W N E S A M G O
A N A U F G U N T T J E J T C
L C N U Q E R F G N R M G Q A
E H O F M J B R G I N A Q H R
X A O S Á B A D O F R A G Q X
```

BASE
ATINGIR
OCUPAR
SÁBADO
FATOR
PENDURAR
CUIDADO
BICAR
GARFO
TOCAR

OCEANO
AQUI
CONCHA
LOCAL
ATIVIDADE
INTERNO
SALVAR
LONTRA
CALCULAR
SODA

Puzzle 87

```
N  S  R  D  S  W  R  Q  U  E  N  T  E  T  B
E  E  O  L  C  A  A  Z  H  L  Y  L  C  R  E
Y  N  U  X  M  Y  R  M  E  N  I  N  O  I  N
A  H  B  A  I  P  I  S  Q  D  T  Q  A  S  E
E  O  A  E  T  J  E  Q  J  T  D  V  G  T  F
R  R  R  D  L  N  H  P  S  M  X  C  G  E  Í
T  A  O  A  D  I  C  V  W  C  I  N  T  O  C
K  W  R  D  B  R  I  N  C  A  L  H  Ã  O  I
I  U  I  I  B  O  L  S  O  I  D  O  P  T  O
M  H  E  R  T  H  W  U  E  J  J  C  W  L  A
R  S  C  O  R  A  N  E  Z  A  M  R  A  A  J
Y  S  R  T  T  O  Q  U  E  U  P  W  L  S  H
F  O  E  U  P  E  R  M  A  N  E  C  E  R  K
M  L  T  A  X  A  L  U  D  T  X  B  A  B  M
```

BOLSO	ROUBAR
QUENTE	MENINO
SALTO	AUTORIDADE
CINTO	ARMAZENAR
TERCEIRO	AMAR
ATIRAR	PERMANECER
BRINCALHÃO	TOQUE
CHEIRAR	TRISTE
BENEFÍCIO	SENHOR
IDO	MURAL

Puzzle 88

```
A  L  G  U  M  J  U  O  Ç  A  D  E  P  Z  I
M  R  G  R  T  N  Y  T  O  T  N  A  T  N  E
C  I  D  T  J  V  R  A  D  R  O  C  A  O  M
U  R  S  D  W  H  A  E  D  A  D  I  C  T  B
R  E  V  S  O  P  N  L  A  E  M  L  I  F  E
I  F  Q  D  Ã  B  O  P  F  N  J  Y  X  Y  M
O  E  Y  V  L  O  S  R  U  T  K  W  C  Z  S
S  R  A  C  I  L  P  X  E  E  K  H  M  J  U
O  P  D  U  O  A  N  Y  G  R  B  O  F  K  C
V  V  Q  T  D  K  X  F  O  I  A  N  Z  W  E
R  L  E  Í  T  S  E  M  O  C  T  O  E  D
O  R  T  O  G  R  A  F  I  A  A  B  U  W  I
Q  X  S  O  E  G  Z  R  N  I  L  A  A  L  D
P  O  P  U  L  A  Ç  Ã  O  R  P  Z  H  J  A
```

ACORDAR	FILME
RIO	LOTE
MISSÃO	PREFERIR
ORTOGRAFIA	PEDAÇO
COMESTÍVEL	ATRAENTE
ENTANTO	LUTAR
CURIOSO	PLACA
ALGUM	EXPLICAR
BEMSUCEDIDA	URSO
POPULAÇÃO	CIDADE

Puzzle 89

```
A  G  U  F  S  F  X  I  R  O  T  A  P  O  S
B  F  S  L  O  M  D  I  Q  P  V  F  A  N  Q
S  E  B  B  R  V  U  A  L  U  P  Ú  C  A  J
O  D  D  O  I  G  G  C  A  I  E  T  S  E  O
L  A  L  N  E  T  A  O  T  J  U  L  E  I  N
U  D  Z  S  D  N  Q  N  N  O  Q  E  P  W  I
T  R  R  X  A  B  B  S  E  D  E  O  U  B  P
O  E  O  M  D  M  A  T  I  R  U  L  R  Q  E
P  B  P  B  R  E  Z  R  B  E  Q  H  A  J  P
T  I  A  J  E  P  E  U  M  J  Z  H  V  G  Q
I  L  V  O  V  L  M  Ç  A  J  L  E  Y  I  O
V  I  S  Í  V  E  L  Ã  C  U  L  R  O  K  G
B  H  A  R  U  N  G  O  U  I  N  L  H  U  O
W  N  I  X  R  D  H  Y  K  Z  D  X  O  F  F
```

FOGO	QUE
FUGA	CÚPULA
VISÍVEL	AMBIENTAL
QUEQUE	ATOR
PEPINO	LIBERDADE
VERDADEIRO	OESTE
ABSOLUTO	CONSTRUÇÃO
ANO	PERSEGUIR
LAGO	JUIZ
VAPOR	SOPA

Puzzle 90

```
Q U E I M A D U R A J V P T K
F A L C Ã O P C K V G I I T R
F O S U K Y O K E R Q G N M W
L F J W O E R A A R I Í C Z L
R U Q E Y T Q D S O Q L E Y A
E D A D I N U M O C V I L L N
C Ã L A C A Ê D G N X A E L O
E T M D L N T U I A S G C I I
T E P E F I N N M B I Y K S C
N N V I X M H Z A T W W C T I
O D M C U O E X P A N D I R D
C O X O P D M U S E U P A E A
A L D S D I S T R I B U I R Y
C O M U N I C A R B N P K S L
```

QUEIMADURA
AMIGO
EXPANDIR
PINCEL
ACONTECER
TENDO
COMUNICAR
PORQUÊ
ADICIONAL
COMUNIDADE

FALCÃO
GRADUAL
DISTRIBUIR
SOCIEDADE
MÃE
BANCO
VIGÍLIA
MUSEU
TIGELA
DOMINANTE

Puzzle 91

```
P W N B H I R E H L O C E R N
P R O G R E S S O V A O R E E
V A G A L U M E F C W W Q V N
M I G L A Q B W B D X B X E H
A C Q A I Ó P E A U S O G R U
R N Y V P H O C W N S Y W P M
A Ê X A V A I I L Q E C R Z A
V R K E E N G A L O P E A B T
I R I J C X I O T K X X R R E
L O A É T N D R Z R U V A I N
H C T C O U V E F L O R P F D
A N M V R C R Í T I C A E F E
Y O D A P U C O Q G S P S F R
Y C I N D E P E N D E N T E X
```

COUVE-FLOR	PROGRESSO
OCUPADO	MARAVILHA
VALA	INDEPENDENTE
COWBOY	SEPARAR
PREVER	GALOPE
VEIO	CONCORRÊNCIA
RECOLHER	VAGA-LUME
CRÍTICA	ATENDER
NENHUM	HÓQUEI
TÉCNICA	BUSCAR

Puzzle 92

```
A E G O L E V Í N O Q O B I S
S F L T C X S J P P C Q L Y X
W C H A P I U Q E H N R E O T
V F X R A V P T U T D G Z Z N
M U D A N Ç A I V E H W T V E
U A L B J T C C N I L A T A F
D G I L E G A L A O K E D D S
Z J G F O W R C A B R A T N E
V V Y K I I A L G O D Ã O O R
S U J O D J A R D I M M Z T V
K A V I Á K O C U L P A S L I
M J L T R A N S M I T I R A R
O O P R O P R I E D A D E H M
C T R A B A L H A D O R L U Y
```

SUJO	MUDANÇA
EQUIPA	TRANSMITIR
FATAL	PINO
PROPRIEDADE	BARATO
COLIDIR	NÍVEL
RÁDIO	ALGODÃO
JARDIM	CABRA
ESQUELETO	ALTO
LEGAL	SERVIR
TRABALHADOR	CULPA

Puzzle 93

```
P  C  O  M  P  A  R  A  R  R  G  E  D  E  A
M  I  C  A  Z  L  L  Z  S  A  D  T  J  S  C
S  V  U  T  C  H  A  M  A  D  A  N  C  T  T
R  É  R  U  R  E  P  M  S  G  X  E  I  Ú  U
O  O  R  N  J  I  A  Q  A  B  P  M  V  P  A
R  W  T  I  X  R  X  Y  G  N  C  A  Q  I  L
T  E  D  M  E  O  Q  F  D  W  P  T  U  D  I
R  E  V  A  I  R  O  G  E  T  A  C  A  O  Z
A  O  K  E  Y  R  Ã  M  S  E  A  A  R  M  A
T  B  X  K  R  E  H  J  T  P  V  X  T  I  C
A  Y  U  S  Q  T  C  K  A  V  Y  E  A  C  A
D  Q  K  I  M  B  E  Z  Q  S  U  L  W  É  O
O  Ã  I  R  G  A  E  R  U  S  L  Y  P  D  C
E  X  P  R  E  S  S  O  E  G  D  R  Z  F  U
```

MINUTA
DÉCIMO
ACTUALIZACAO
TERROR
SÉRIE
EXACTAMENTE
SUL
PERU
ESTÚPIDO
COMPARAR

DESTAQUE
CHÃO
AGRIÃO
TRATADO
CATEGORIA
EXPRESSO
CAPAZ
QUARTA
CHAMADA
REVERTER

Puzzle 94

```
D  G  M  Z  M  E  T  I  L  X  O  A  R  R  J
U  E  P  U  U  M  V  D  A  Ç  R  G  E  E  Z
R  X  C  Q  L  A  U  B  R  B  A  O  S  P  M
D  Y  A  N  C  R  D  O  E  L  L  V  P  E  D
C  T  N  E  R  Z  F  Z  D  B  U  E  I  T  E
A  S  O  N  M  S  T  J  E  X  P  R  R  I  S
P  O  T  E  E  R  V  T  F  B  O  N  A  R  E
Q  T  R  A  B  A  L  H  O  S  P  A  R  U  M
H  I  A  V  P  L  P  N  M  J  A  N  A  R  P
D  N  T  L  U  U  S  R  É  S  Z  T  T  M  E
H  I  N  E  E  C  C  A  R  T  A  E  N  X  N
Y  J  A  O  Ã  R  E  V  O  P  O  C  O  P  H
Y  G  J  K  D  I  R  J  P  W  X  J  C  X  O
V  D  H  X  O  C  E  Q  J  P  A  B  R  B  S
```

CONTAR	ZEBRA
POPULAR	CIRCULAR
ATAQUE	DESEMPENHO
ITEM	COPO
VERÃO	PAZ
PORÉM	-FEDERAL
GOVERNANTE-	TRABALHO
REPETIR	JANTAR
RESPIRAR	ESFORÇO
POTE	CARTA

Puzzle 95

```
C E C Y M A G A F E T N O P M
A T T T G N S W R N H H H R V
D N L G H I I D A V J T L O A
E A W E U M E T M O H F I S X
I S D Q I A S X B L R O F N O
A S S X F T W D O V X I S A A
B E P H O I E U E I U W K R C
P R Q Z M V Z R S D X A C O C
U E O E B X I A A O I B C H A
X T B J R I U N E M E R G I R
F N W B O A O T I E F E A K E
Y I C E S V D E P X P F T H T
E S V A Z I A R R Á P I D O N
H W D I F E R I R A J X Z T I
```

CADEIA
INTERACCAO
DURANTE
ENVOLVIDO
OMBRO
INTERESSANTE
RÁPIDO
ROSNAR
PESQUISA
LEITE

VITAMINA
PONTE
DAR
ESVAZIAR
DIFERIR
FILHO
FRAMBOESA
SEIS
EMERGIR
EFEITO

Puzzle 96

```
P  M  T  D  E  M  P  A  N  I  N  H  A  R  T
P  Í  I  P  O  R  I  V  E  D  V  N  N  G  R
R  K  L  A  P  E  S  F  I  X  W  E  B  T  A
O  G  P  U  S  G  C  J  L  D  R  O  N  C  N
D  F  Y  F  L  R  I  I  B  V  C  L  Z  O  S
U  B  D  F  W  A  N  R  I  F  R  J  F  N  F
T  L  Y  C  B  H  A  L  U  M  R  Ó  F  S  E
O  D  S  B  T  L  U  N  N  M  F  Z  V  E  R
M  É  D  I  O  O  G  B  R  A  V  O  I  L  Ê
D  L  H  Z  P  I  Á  H  E  R  O  B  S  H  N
U  I  V  M  D  E  S  L  O  C  A  R  I  O  C
S  V  E  M  A  R  G  A  R  I  D  A  T  V  I
W  T  P  R  A  T  E  L  E  I  R  A  A  O  A
P  K  Q  U  E  R  I  D  O  A  X  D  R  A  F
```

MARGARIDA	ANINHAR
TRANSFERÊNCIA	MÉDIO
PRODUTO	CONSELHO
VISITAR	PÍLULA
DESLOCAR	OVO
TEMPO	FÓRMULA
PISCINA	ÁGUA
PRATELEIRA	DEVIR
BRAVO	OLHAR
LIVRE	QUERIDO

Puzzle 97

```
C D R E S P O N S Á V E L T C
T P W A G C A D A P S E P L O
V A R I A L R I O H L E O J N
L N E T M P O I O R Y E L A F
O E C E M D R R E A T N O C U
N L S I O N V A R Z L N B B N
T A E Í B T I N T I D G E O D
R P R N F T L I B N K M T N I
A E O X O G I T R A E N U I R
P R L M B G A A N G P M F T I
T W F D Y S P P J R V Y I O P
D I S C U R S O Y O A H H L G
C O N F E R Ê N C I A I L S A
E S C L A R E C E R G G V H E
```

BONITO
CONTA
ORGANIZAR
DISCURSO
FUTEBOL
LIVRO
ARTIGO
RESPONSÁVEL
DOR
PERÍODO

CONFUNDIR
FLORESCER
LONTRA
CONFERÊNCIA
ESPADA
JOELHO
PATINAR
ESCLARECER
PANELA
ALIMENTAR

Puzzle 98

```
K S E W N S O L E T R A R R N
A M X T P A R H S I E Z I E O
R A C H O N T A K L Z Y Q V T
G M E M R Y N A B E A Y K I E
U A P E C T H W Ç L F U N S B
M N C S O E Z O D Ã A H D Ã O
E H A T S O S I V A O Z X O O
N Ã O I C H U M B O L P U D K
T J T M V N F E N R X K U N V
A A B A R A T V L T F K O Q D
R K N T C R U O U L D Z W K R
F R A I E T A J K E X S E X A
G R L V F S D H R F L G K Z K
D S L A V E L A V A G E M O B
```

DUPLO	CHUMBO
AVISO	EXCEPCAO
DOZE	NATAÇÃO
ESTRANHO	HESITAR
FAZER	SOLETRAR
SANTO	FELTRO
LAVAGEM	ARGUMENTAR
AMANHÃ	ESTIMATIVA
PORCO	JOVEM
REVISÃO	NOTEBOOK

Puzzle 99

```
K Q Z C T R G M S Z D I R Á A
E C Y J D B O E P Q Z Y A M R
S L D S L T Q S R R A I D É M
P U L W N Í K A M A R G I V A
E B A E T F D F O H A F V E R
L E V L F N S E B L Z I N Í L
H E I P F T V K R I I N O C E
O L U S W A J I H T L A C U I
T J F C I O C L N R A L G L T
F T Y N F J X E A A C I I O U
M O V I M E N T O P O D R M R
B O M O L X K R C M L A A S A
Z X D B O A I A U O I D F C P
Q K A D F Q C E V C P E A Q G
```

MESA	BOI
COMPARTILHAR	BOM
LÍDER	ALFACE
ESPELHO	IRÁ
MOVIMENTO	LEITURA
EVENTO	GIRAFA
VEÍCULO	GRAMA
ARMAR	FINALIDADE
MÉDIA	CONVIDAR
LOCALIZAR	CLUBE

Puzzle 100

```
A R U T L U C L F E J T T L O
B P P A L S X H I D X F V A I
U L I F E S C Z C N Z C B N R
N Z U J H T A U A E Z Y E I I
D M J U S I I L R U A H M T T
A H Z W C W B B Ã D M D O A O
N L X H W Y C H T O J Y J M G
T A U U Q R A T U R F S E D I
E Ç B J K A M C L I E N T E R
Y Ã L M E T I Z L B T I R A B
E O O C D C N T H G R K N K A
F C N M V É H A L I M E N T O
M I S S A N O B O C A B O Q I
L R V I S T O C Y M I V T L C
```

ALIMENTO
CULTURA
BOCA
DESFRUTAR
CAMINHO
VISTO
LINCE
SHELL
SALÃO
RICO

MATINAL
AÇÃO
FICAR
DUENDE
CLIENTE
EXCETO
ABUNDANTE
ABRIGO
ASSIM
NÉCTAR

Puzzle 1

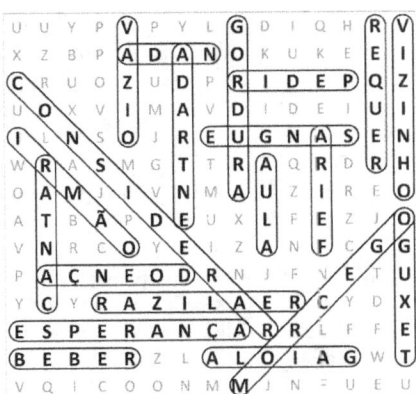

Puzzle 2

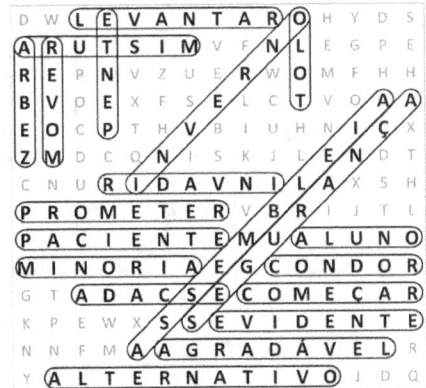

Puzzle 3

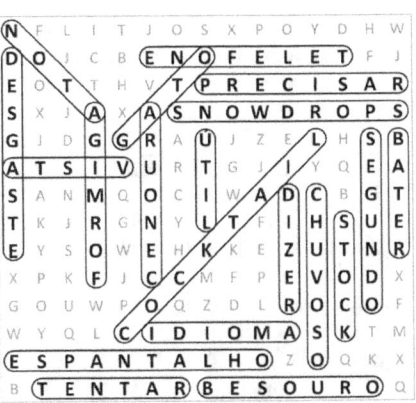

Puzzle 4

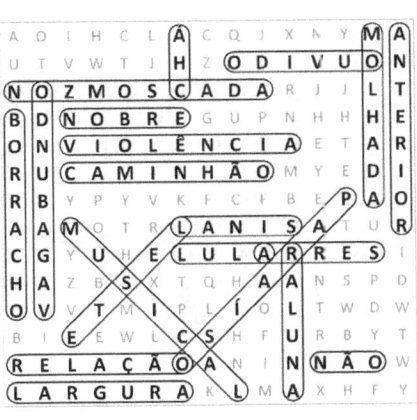

Puzzle 5

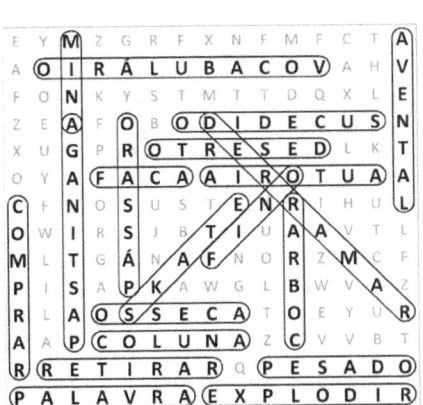

Puzzle 6

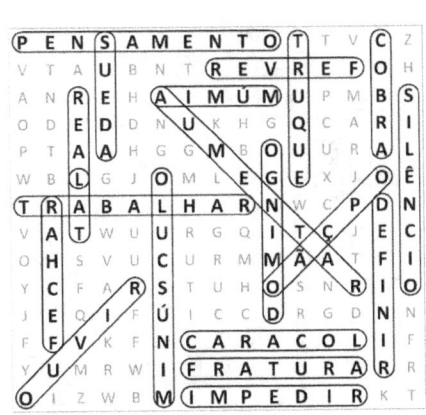

Puzzle 7

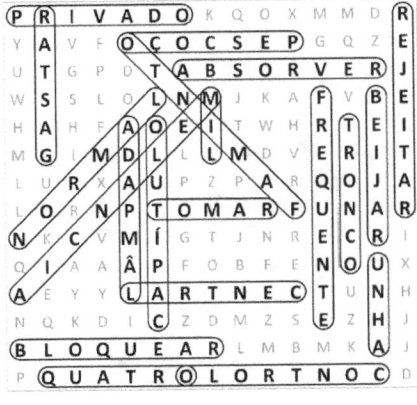

Puzzle 8

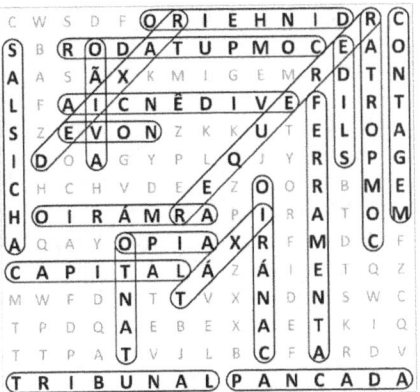

Puzzle 9

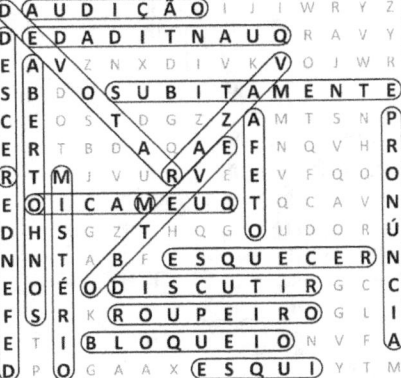

Puzzle 10

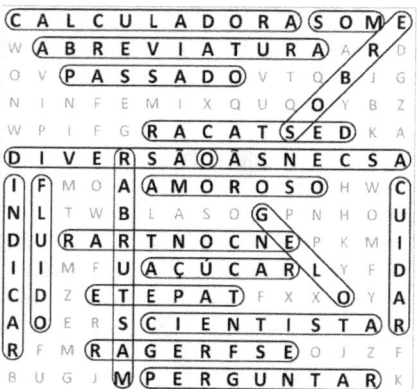

Puzzle 11

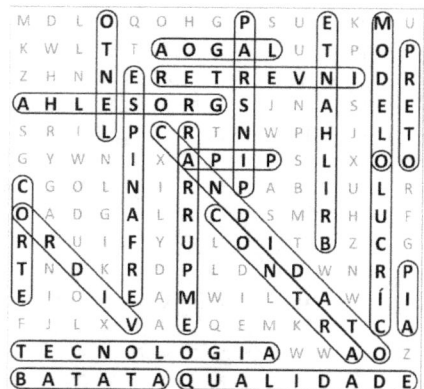

Puzzle 12

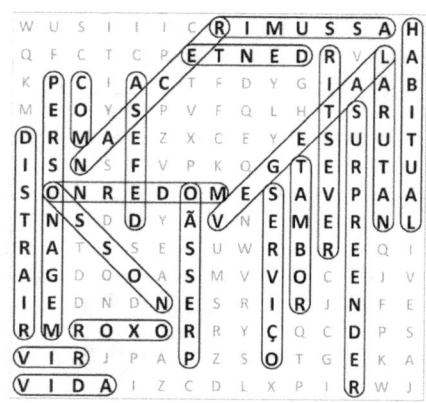

Puzzle 13

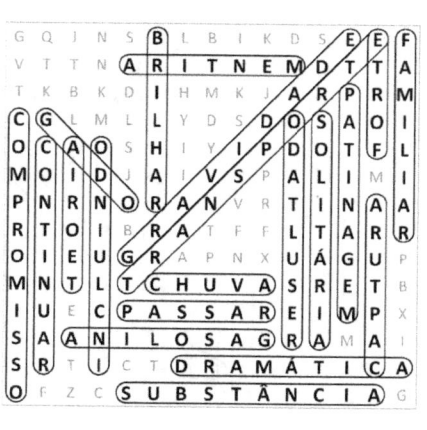

Puzzle 14

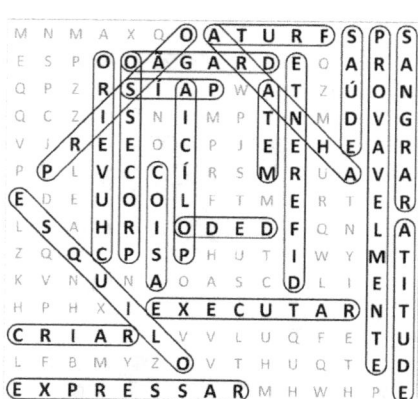

Puzzle 15

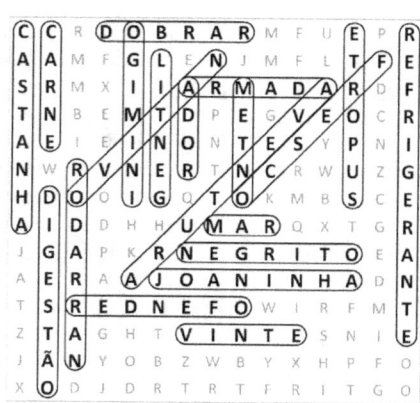

Puzzle 16

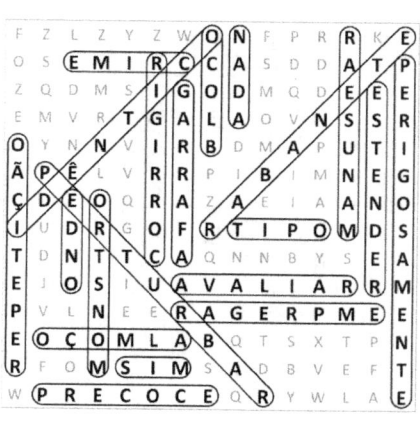

Puzzle 17

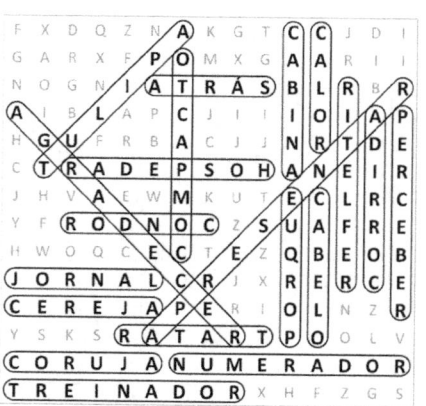

Puzzle 18

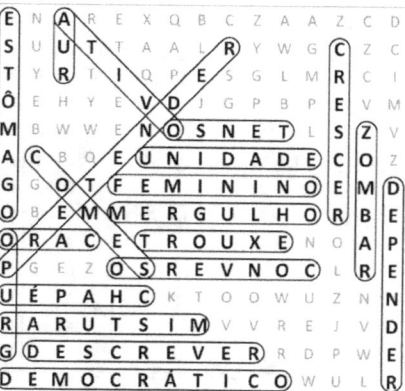

Puzzle 19

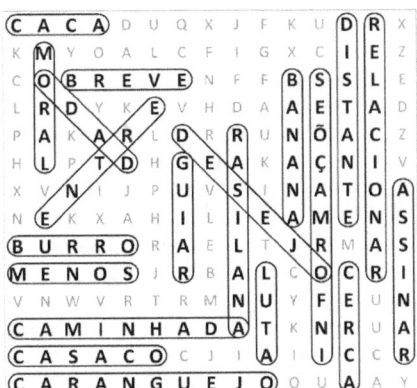

Puzzle 20

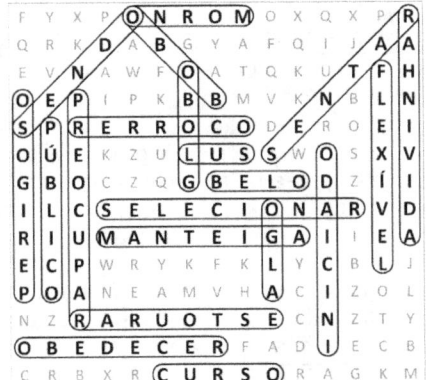

Puzzle 21

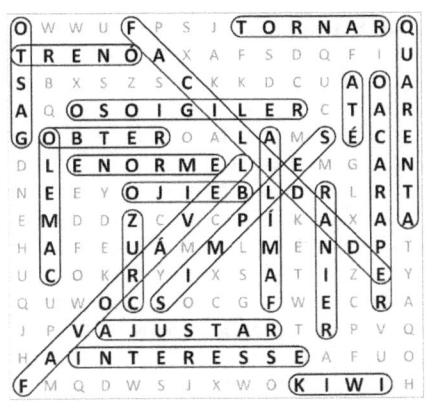

Puzzle 22

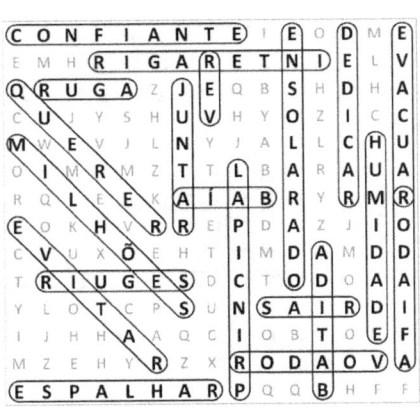

Puzzle 23

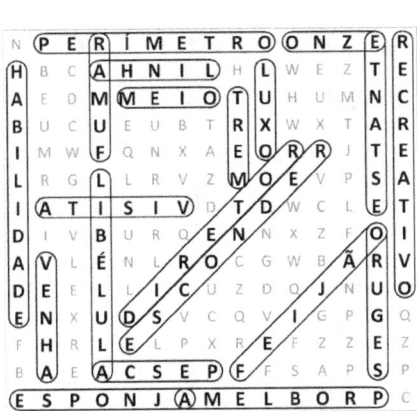

Puzzle 24

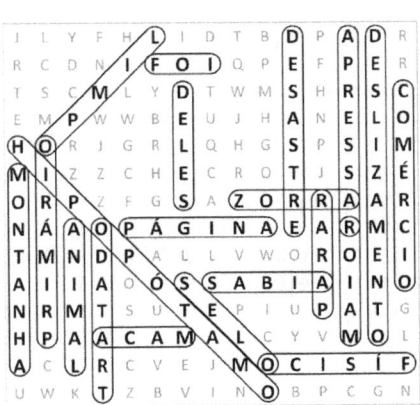

Puzzle 25

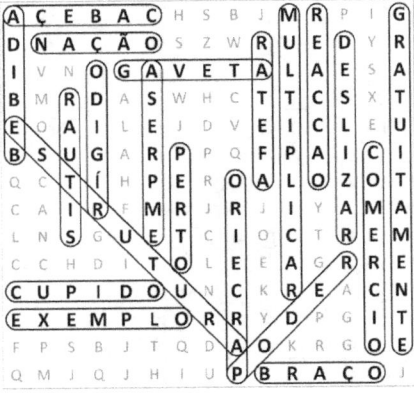

Puzzle 26

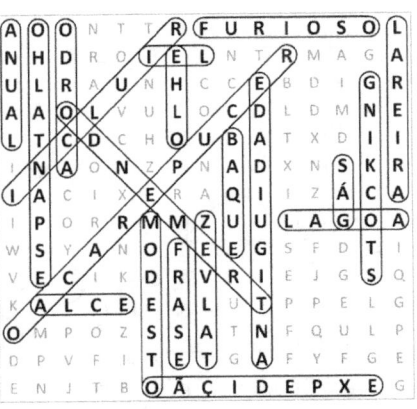

Puzzle 27

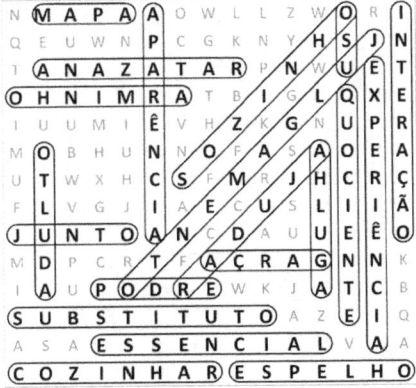

Puzzle 28

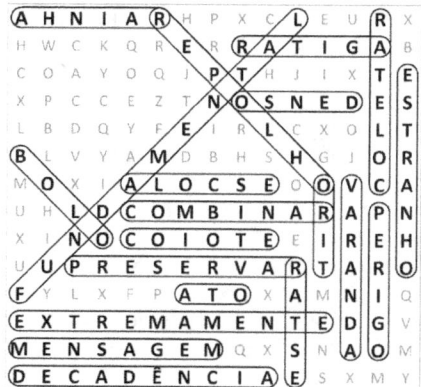

Puzzle 29

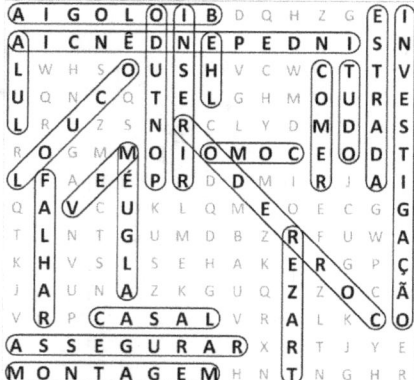

Puzzle 30

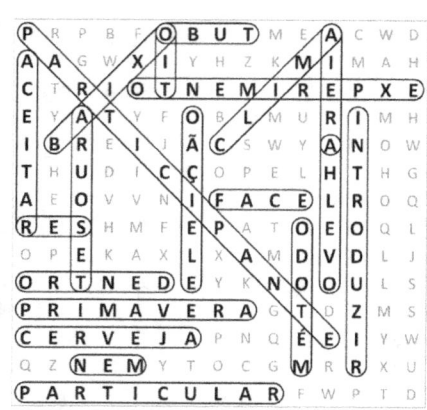

Puzzle 31

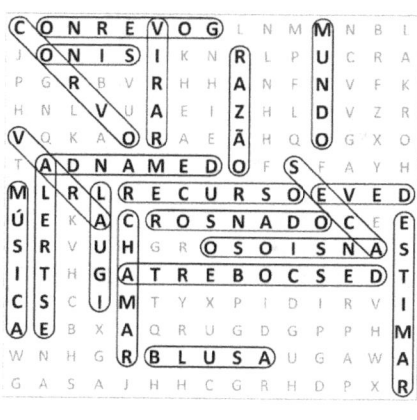

Puzzle 32

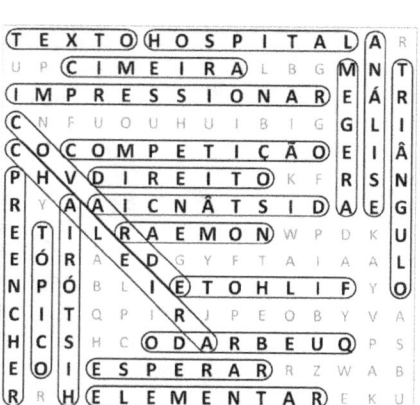

Puzzle 33

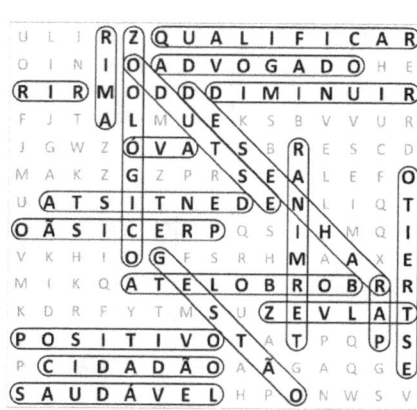

Puzzle 34

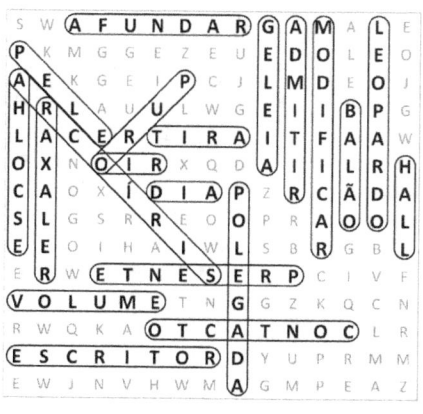

Puzzle 35

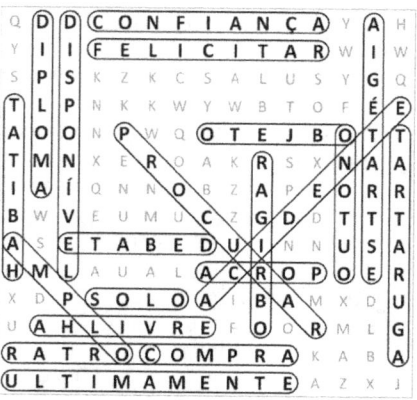

Puzzle 36

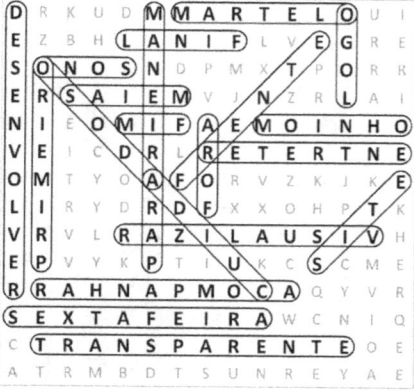

Puzzle 37

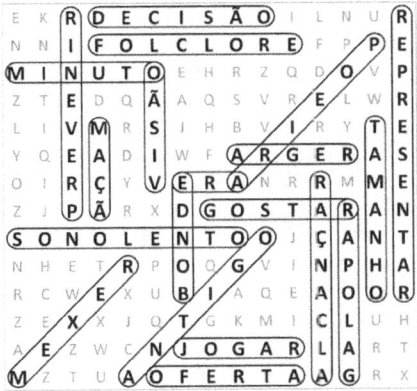

Puzzle 38

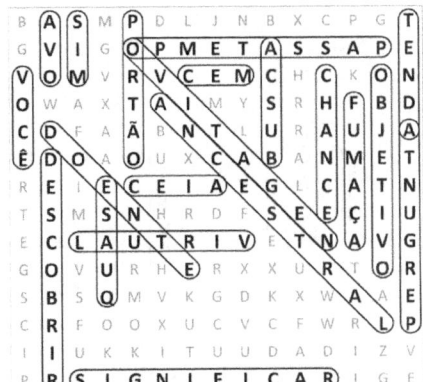

Puzzle 39

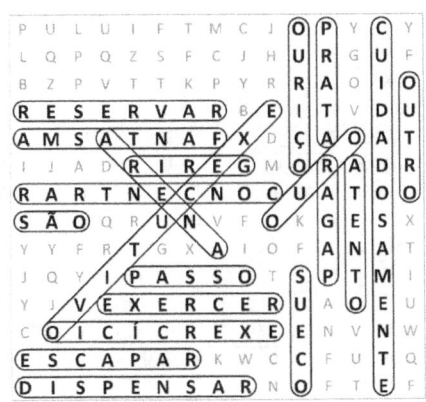

Puzzle 40

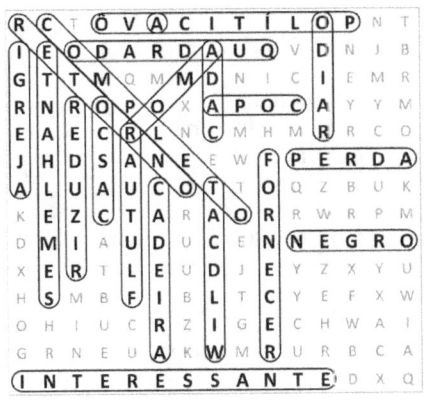

Puzzle 41

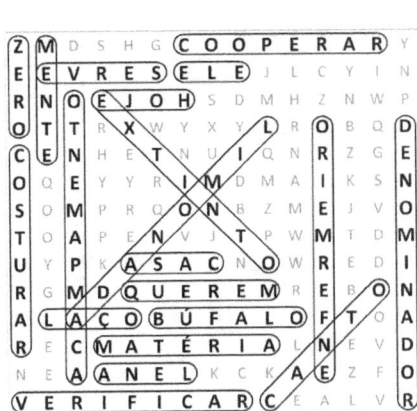

Puzzle 42

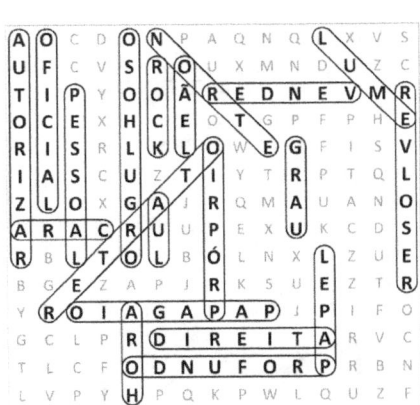

Puzzle 43

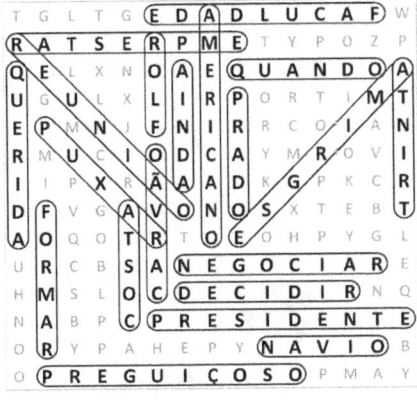

Puzzle 44

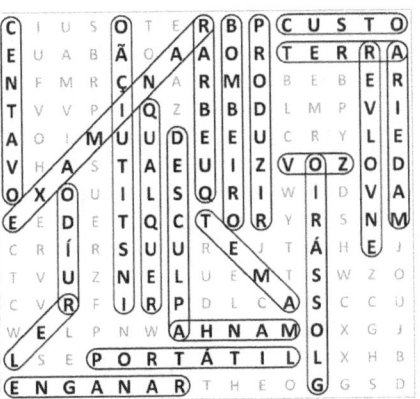

Puzzle 45

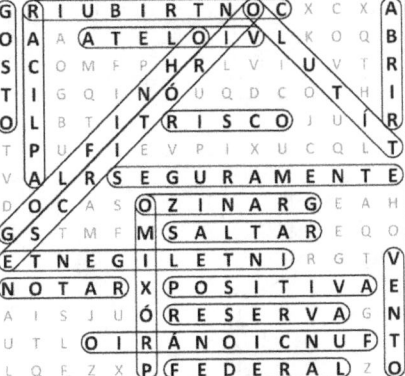

Puzzle 46

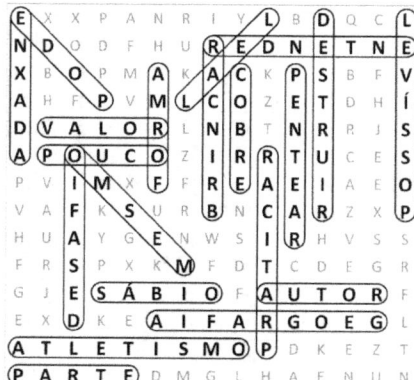

Puzzle 47

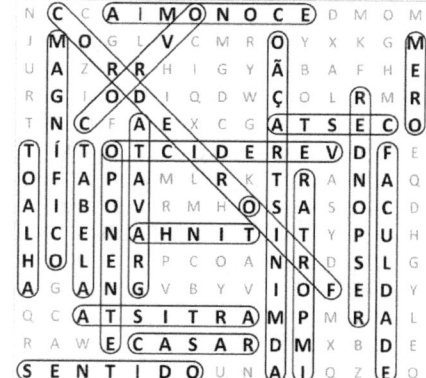

Puzzle 48

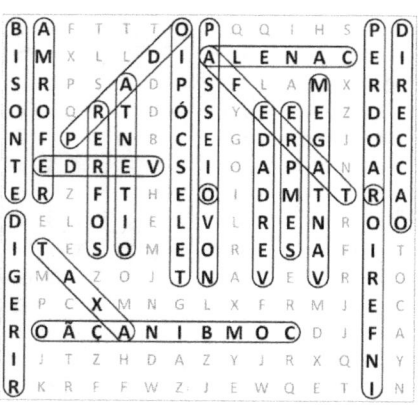

Puzzle 49

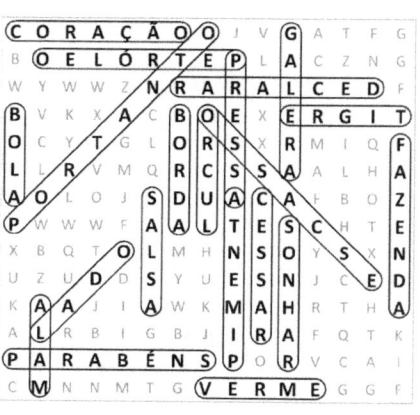

Puzzle 50

Puzzle 51

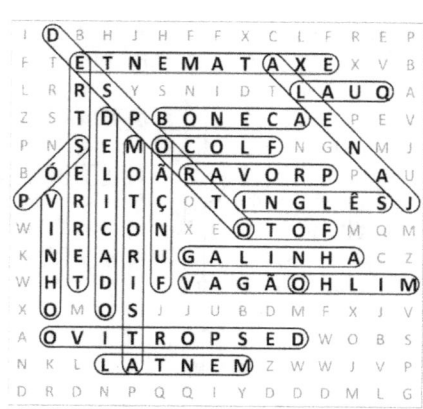

Puzzle 52

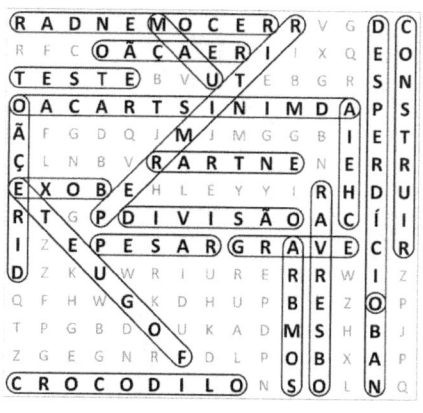

Puzzle 53

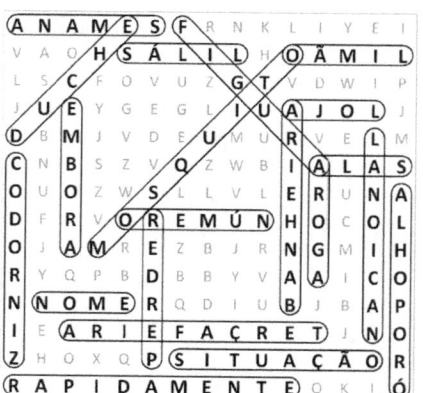

Puzzle 54

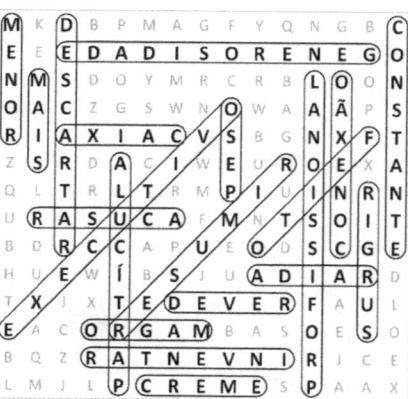

Puzzle 55

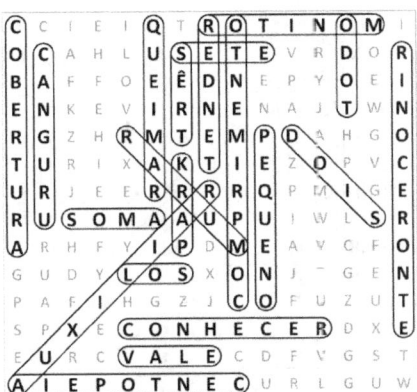

Puzzle 56

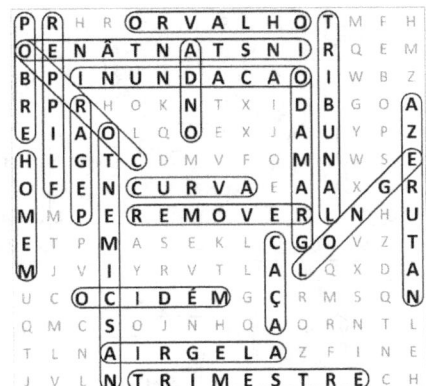

Puzzle 57

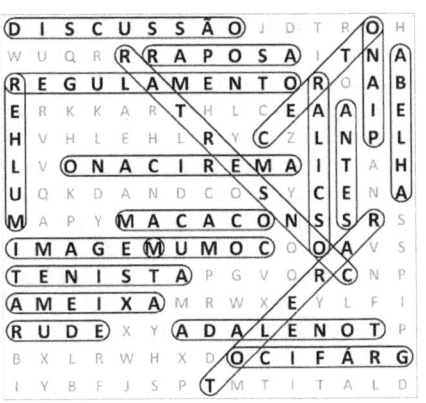

Puzzle 58

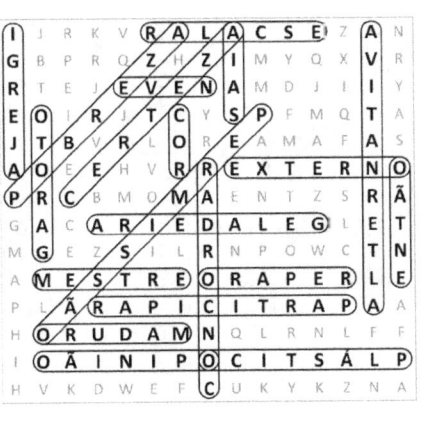

Puzzle 59

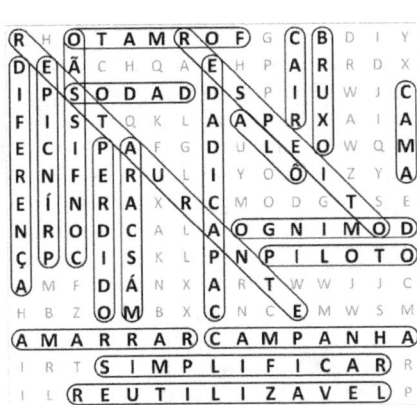

Puzzle 60

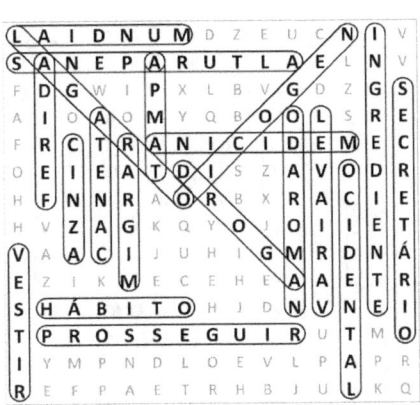

Puzzle 61

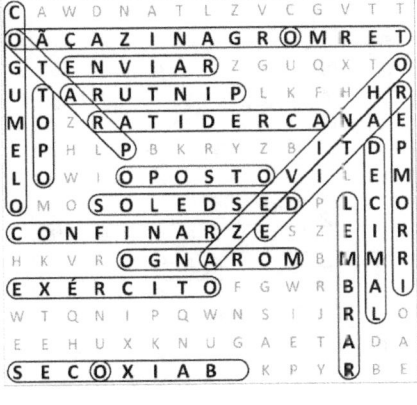

Puzzle 62

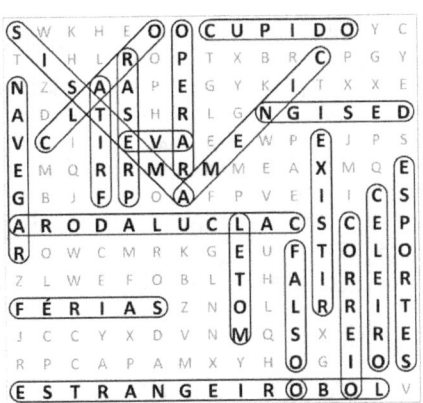

Puzzle 63

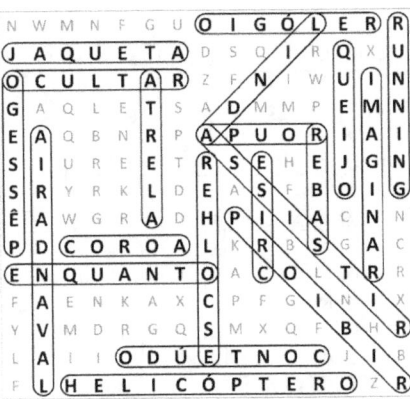

Puzzle 64

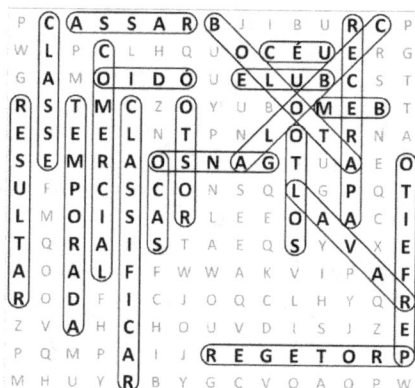

Puzzle 65

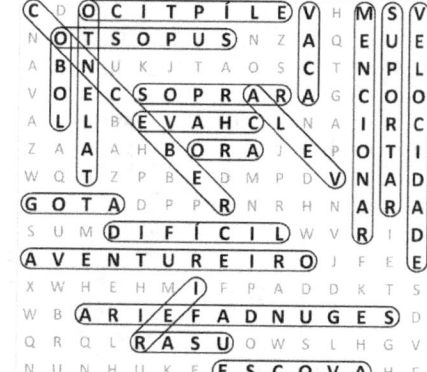

Puzzle 66

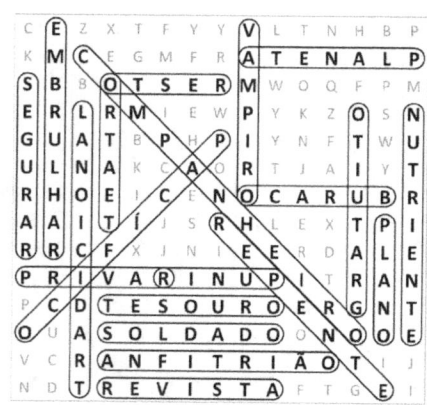

Puzzle 67

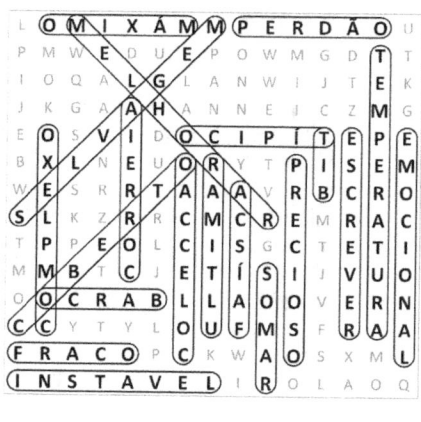

Puzzle 68

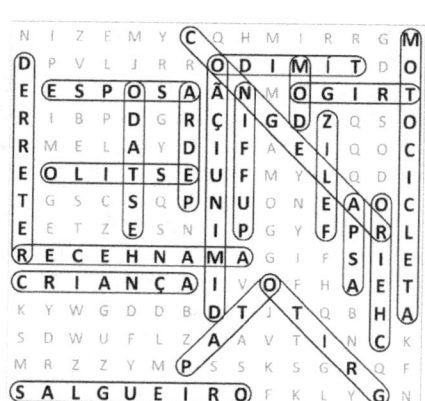

Puzzle 69

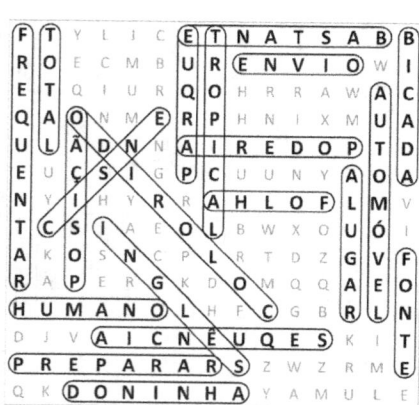

Puzzle 70

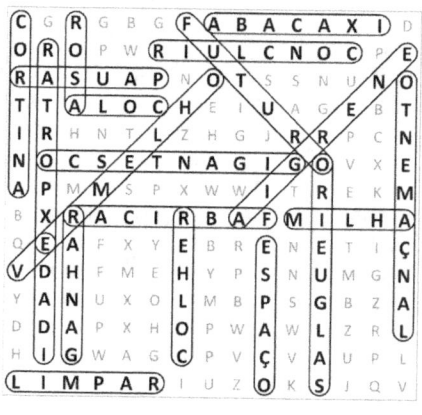

Puzzle 71

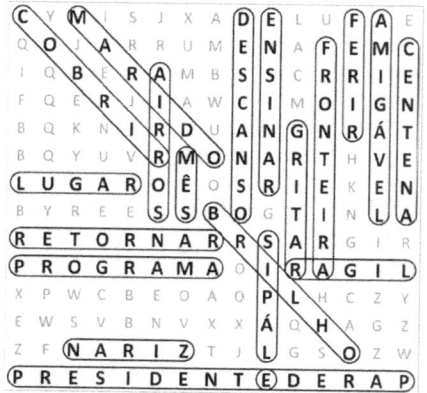

Puzzle 72

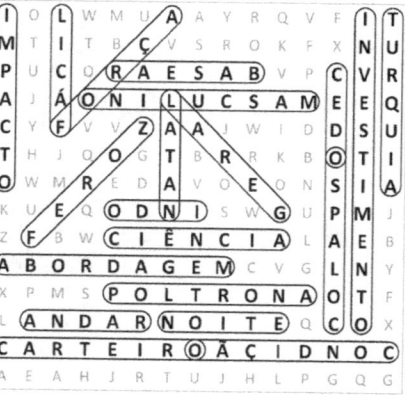

Puzzle 73

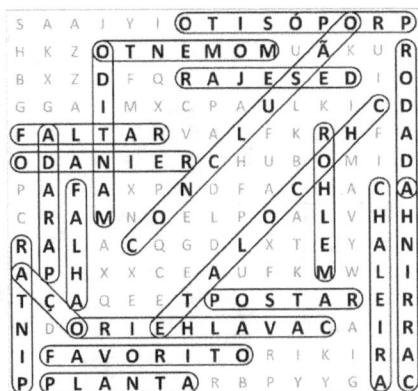

Puzzle 74

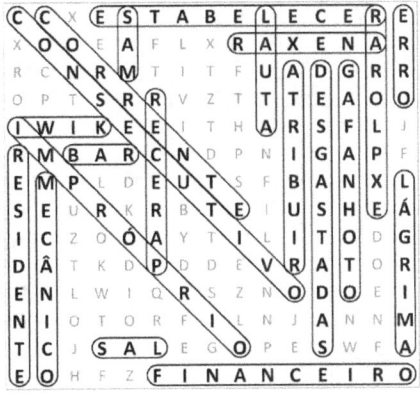

Puzzle 75

Puzzle 76

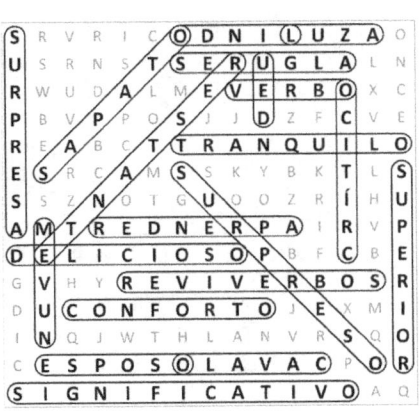

Puzzle 77

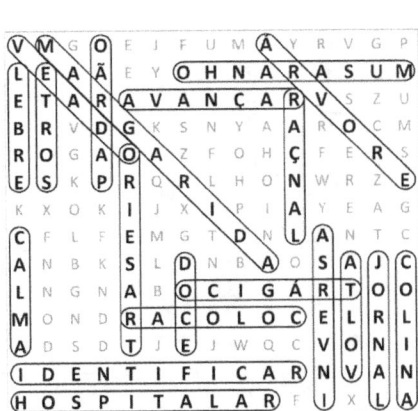

Puzzle 78

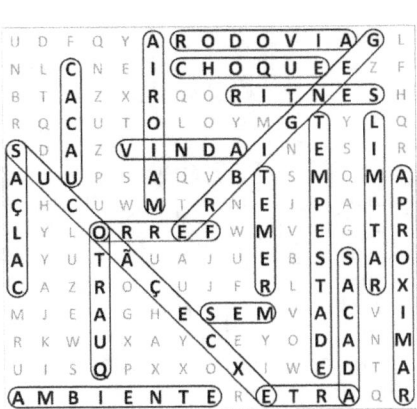

Puzzle 79

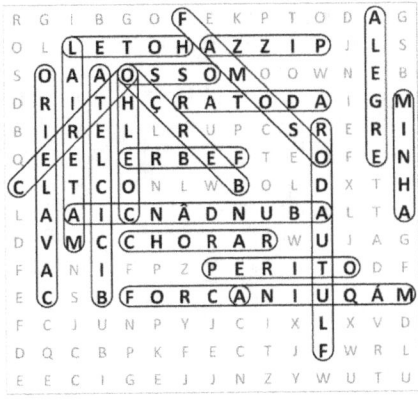

Puzzle 80

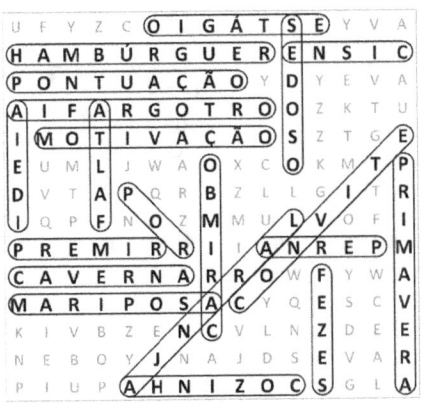

Puzzle 81

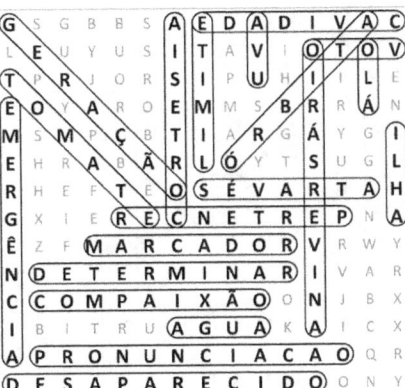

Puzzle 82

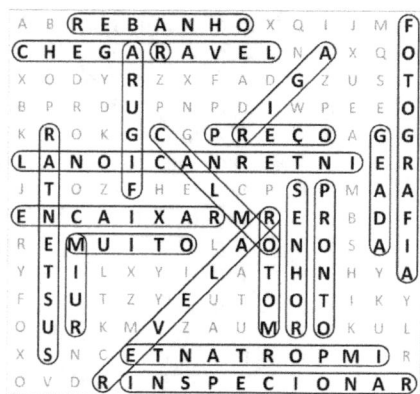

Puzzle 83

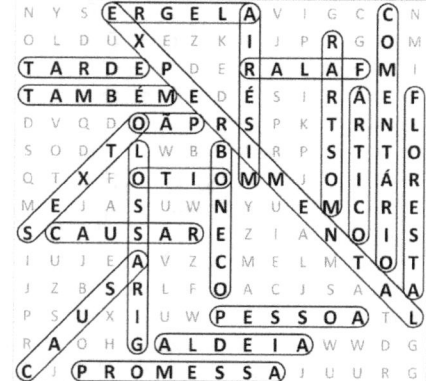

Puzzle 84

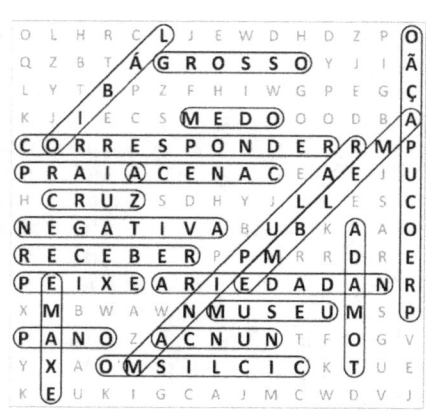

Puzzle 85

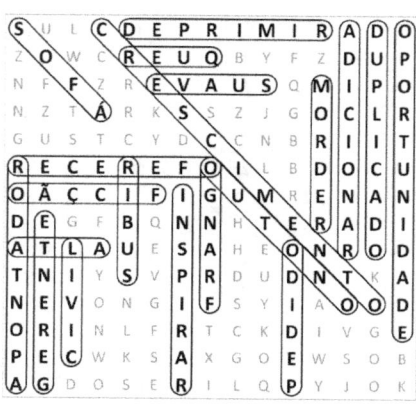

Puzzle 86

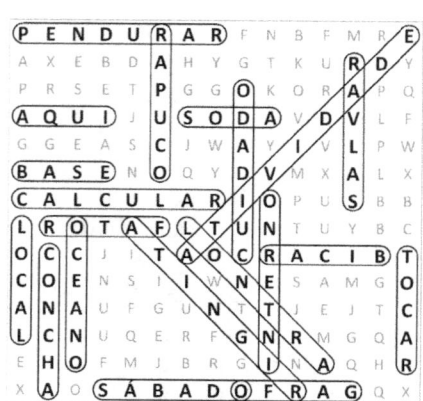

Puzzle 87

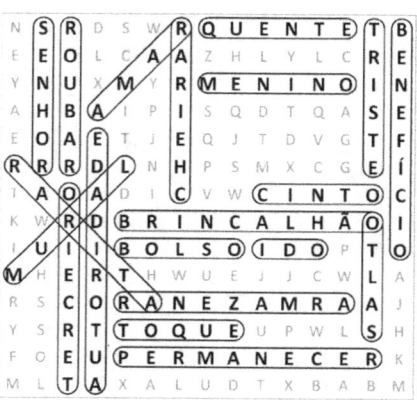

Puzzle 88

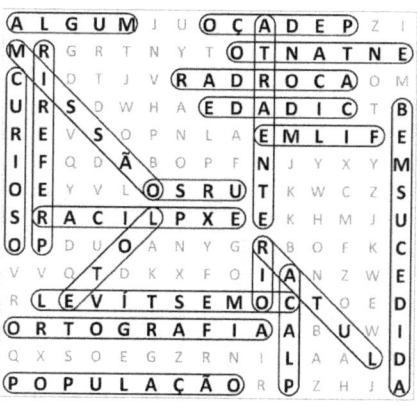

Puzzle 89

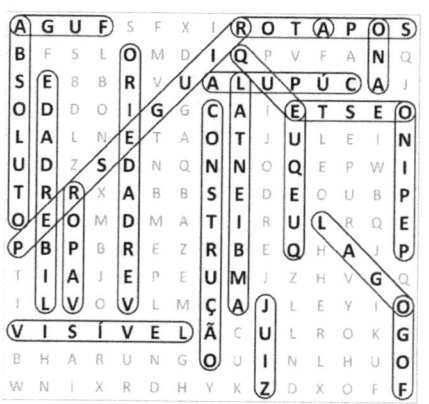

Puzzle 90

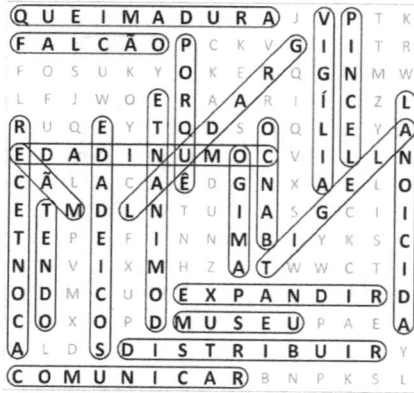

Puzzle 91

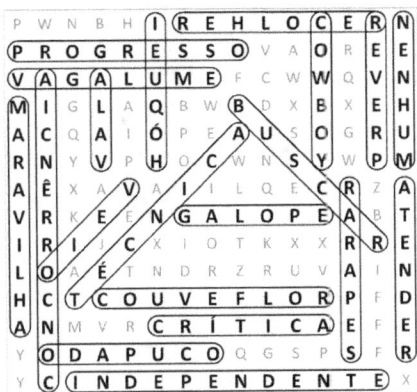

Puzzle 92

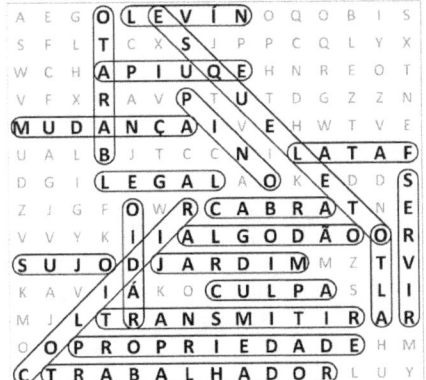

Puzzle 93

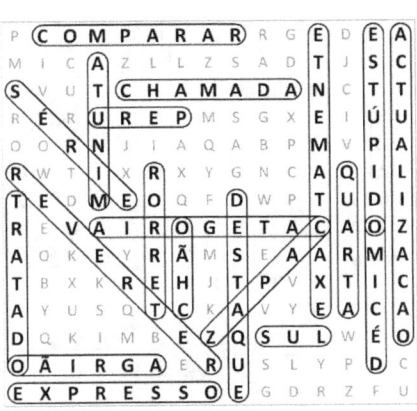

Puzzle 94

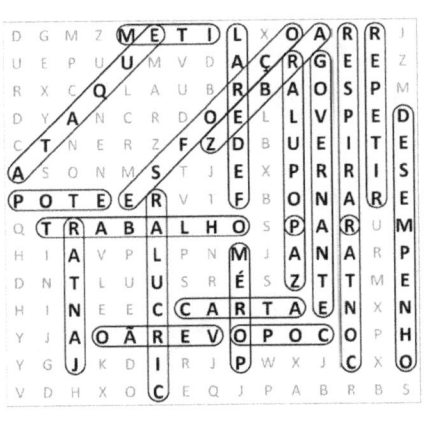

Puzzle 95

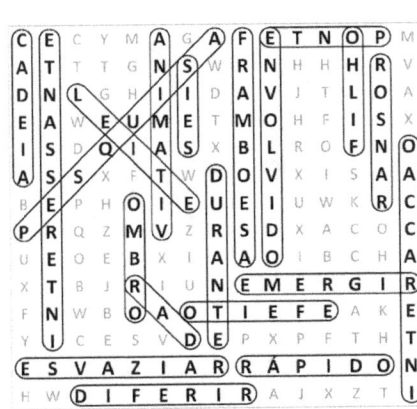

Puzzle 96

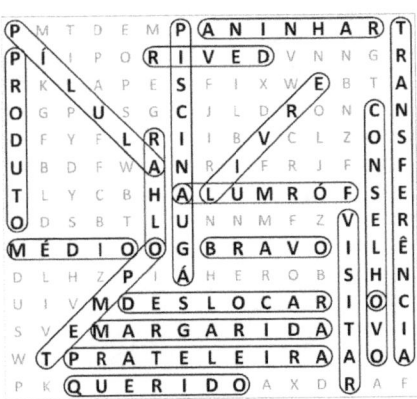

Puzzle 97

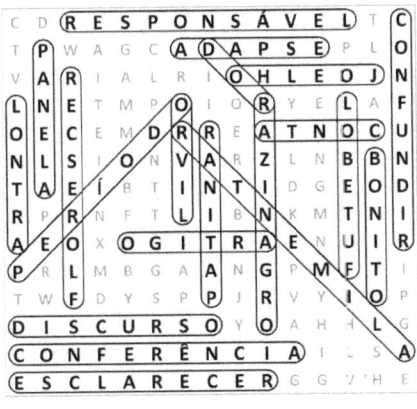

Puzzle 98

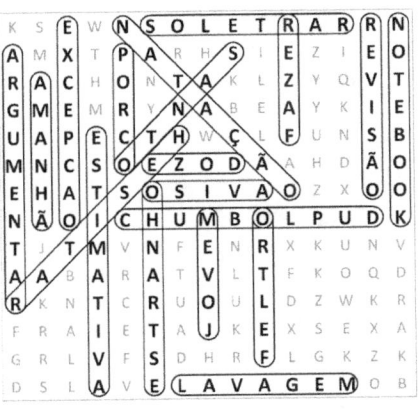

Puzzle 99

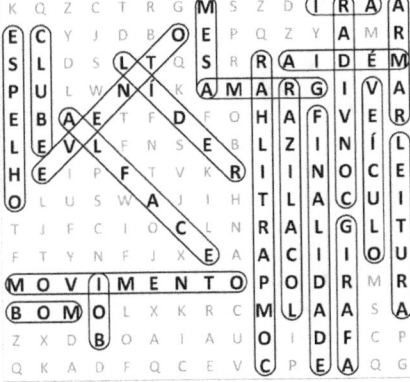

Puzzle 100

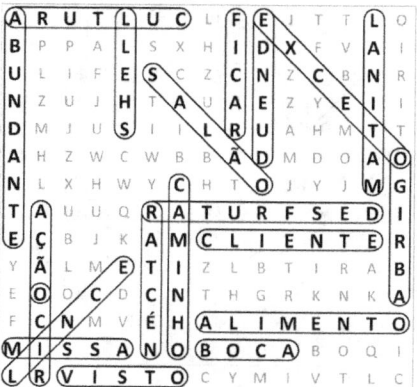

Congratulations

You made it!

We hope you enjoyed this book as much as we enjoyed making it. We do our best to make high quality games.

These puzzles are designed in a clever way to actively spark the brain and make it sharp and quick!
Did you love them?

A Simple Request

Our books exist thanks to the reviews you post on Amazon. Could you help us by leaving a review now?

Here is a short link which will take you to your Amazon orders review page.

BestBooksActivity.com/Review50

MONSTER CHALLENGE!

Challenge #1

Ready for Your Bonus Game? We use them all the time but they are not so easy to find. Here are **Synonyms**!

Note 5 words you discovered in each of the Puzzles noted below (#21, #36, #76) and try to find 2 synonyms for each word.

Note 5 Words from *Puzzle 21*

Words	Synonym 1	Synonym 2

Note 5 Words from *Puzzle 36*

Words	Synonym 1	Synonym 2

Note 5 Words from *Puzzle 76*

Words	Synonym 1	Synonym 2

Challenge #2

Now that you are warmed-up, note 5 words you discovered in each Puzzle noted below (#9, #17, #25) and try to find 2 antonyms for each word. How many lines can you do in 20 minutes?

Note 5 Words from **Puzzle 9**

Words	Antonym 1	Antonym 2

Note 5 Words from **Puzzle 17**

Words	Antonym 1	Antonym 2

Note 5 Words from **Puzzle 25**

Words	Antonym 1	Antonym 2

Challenge #3

Wonderful, this monster   challenge is nothing to you!

Ready for the last one? Choose your 10 favorite words discovered in any of the Puzzles and note them below.

1.	6.
2.	7.
3.	8.
4.	9.
5.	10.

Now, using these words and within a maximum of six sentences, your challenge is to compose a text about a person, animal or place that you love!

Tip: You can use the last blank page of this book as a draft!

Your Writing:

Explore a Unique Store
Set Up **FOR YOU!**

MEGA DEALS

BestActivityBooks.com/TheStore

Designed for **Entertainment**!

Light Up Your Brain With Unique **Gift Ideas**.

Access **Surprising** And **Essential Supplies!**

CHECK OUT OUR MONTHLY SELECTION NOW!

- Expertly Crafted Products -

NOTEBOOK:

SEE YOU SOON!

Delta Classics Team

BESTACTIVITYBOOKS.COM/FREEGAMES

www.ingramcontent.com/pod-product-compliance
Lightning Source LLC
Chambersburg PA
CBHW082107120626
46553CB00011B/3576